"十三五"国家重点图书出版规划项目
交通运输科技丛书·公路基础设施建设与养护
港珠澳大桥跨海集群工程建设关键技术与创新成果书系
国家科技支撑计划资助项目（2011BAG07B05）

港珠澳大桥岛隧工程节能减排关键技术

Research on the Key Technology for Energy Saving and Emission Reduction of Island & Tunnel Project of Hong Kong-Zhuhai-Macao Bridge

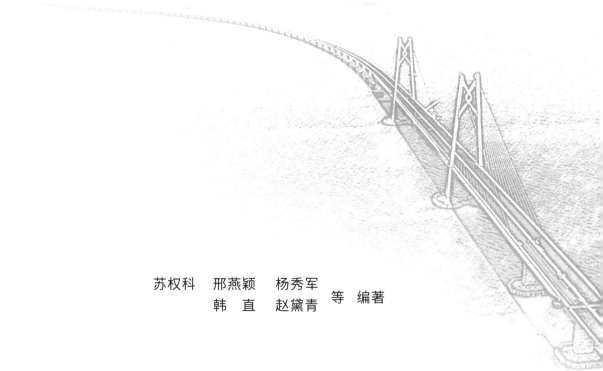

苏权科　邢燕颖　杨秀军
韩　直　赵黛青　等 编著

人民交通出版社股份有限公司
China Communications Press Co., Ltd.

内 容 提 要

本书以港珠澳大桥岛隧工程节能减排领域的研究成果为主要内容，系统阐述了大型岛隧工程运营期节能减排的研究方法、研究成果，详细论述了长大沉管隧道通风节能减排关键技术、照明节能技术以及海上人工岛热泵冷热联供与太阳能蓄供电等关键技术和工程实践。本书以港珠澳大桥跨海集群工程为案例，对大型跨海集群工程运营期节能减排的诸多理论和技术难题进行了剖析，对研究成果在工程中的应用进行了介绍，这对今后同类工程建设期和运营期节能减排技术的研究和应用具有一定的参考价值。

本书可供从事岛隧工程机电设计、建设、管理的科技人员使用，也可作为高等院校隧道与地下工程专业、能源与动力工程专业、能源与经济管理专业师生的参考用书。

Abstract

This book takes the research results on energy saving and emission reduction of Island & Tunnel Project of Hong Kong-Zhuhai-Macao Bridge as the main content. This book systematically expounds the research methods and conclusions of energy-saving and emission-reduction during the operation of large Island & Tunnel Project, gives a detailed description of energy saving technology of ventilation system, lighting and energy-saving technology for large immersed tunnel, solar energy storage and other key technologies and engineering practice. This book takes the cross-sea cluster project of Hong Kong-Zhuhai-Macao Bridge as an example to analyze many theoretical and technical problems of energy saving and emission-reduction during the operation. The application of achievements in the project is introduced. It is of certain reference value to the future research and application of energy-saving and emission-reduction technologies in the construction and operation of similar projects.

This book can be used for personnel engaged in mechanical and electrical design, construction and management of Island & Tunnel Project, and can also be used as reference book for teachers and students in colleges and universities majoring in tunnel and underground engineering, energy and power engineering, as well as energy and economic management.

交通运输科技丛书编审委员会
（委员排名不分先后）

顾　问： 陈　健　周　伟　成　平　姜明宝

主　任： 庞　松

副主任： 洪晓枫　袁　鹏

委　员： 石宝林　张劲泉　赵之忠　关昌余　张华庆

　　　　　郑健龙　沙爱民　唐伯明　孙玉清　费维军

　　　　　王　炜　孙立军　蒋树屏　韩　敏　张喜刚

　　　　　吴　澎　刘怀汉　汪双杰　廖朝华　金　凌

　　　　　李爱民　曹　迪　田俊峰　苏权科　严云福

港珠澳大桥跨海集群工程建设关键技术与创新成果书系编审委员会

顾　　　问：冯正霖
主　　　任：周海涛
副　主　任：袁　鹏　朱永灵

执 行 总 编：苏权科
副　总　编：徐国平　时蓓玲　孟凡超　王胜年　柴　瑞

委　　　员：（按专业分组）
　　岛隧工程：孙　钧　钱七虎　郑颖人　徐　光　王汝凯
　　　　　　　李永盛　陈韶章　刘千伟　麦远俭　白植悌
　　　　　　　林　鸣　杨光华　贺维国　陈　鸿
　　桥梁工程：项海帆　王景全　杨盛福　凤懋润　侯金龙
　　　　　　　陈冠雄　史永吉　李守善　邵长宇　张喜刚
　　　　　　　张起森　丁小军　章登精
　　结构耐久性：孙　伟　缪昌文　潘德强　邵新鹏　水中和
　　　　　　　丁建彤
　　建设管理：张劲泉　李爱民　钟建驰　曹文宏　万焕通
　　　　　　　牟学东　王富民　郑顺潮　林　强　胡　明
　　　　　　　李春风　汪水银

《港珠澳大桥岛隧工程节能减排关键技术》
编 写 组

组　　长：苏权科　邢燕颖
副 组 长：杨秀军　韩　直　赵黛青
编写人员：周永川　张　昊　涂　耘　汪　鹏　王小军
　　　　　陈　越　葛　涛　闫　禹　石志刚　汤召志
　　　　　施　强　徐东彬　刘建昌　方　磊　陈晓利
　　　　　史玲娜　陈大飞　舒　杰　叶灿滔　霍　洁
　　　　　刘胜强　张　建　王　春　金　蕊　张祉姝
　　　　　乔梅梅　王文菁　张政富　郭华芳　马伟斌
　　　　　李志国　刘煜宵

总 序
General Preface

科技是国家强盛之基,创新是民族进步之魂。中华民族正处在全面建成小康社会的决胜阶段,比以往任何时候都更加需要强大的科技创新力量。党的十八大以来,以习近平同志为总书记的党中央作出了实施创新驱动发展战略的重大部署。党的十八届五中全会提出必须牢固树立并切实贯彻创新、协调、绿色、开放、共享的发展理念,进一步发挥科技创新在全面创新中的引领作用。在最近召开的全国科技创新大会上,习近平总书记指出要在我国发展新的历史起点上,把科技创新摆在更加重要的位置,吹响了建设世界科技强国的号角。大会强调,实现"两个一百年"奋斗目标,实现中华民族伟大复兴的中国梦,必须坚持走中国特色自主创新道路,面向世界科技前沿、面向经济主战场、面向国家重大需求。这是党中央综合分析国内外大势、立足我国发展全局提出的重大战略目标和战略部署,为加快推进我国科技创新指明了战略方向。

科技创新为我国交通运输事业发展提供了不竭的动力。交通运输部党组坚决贯彻落实中央战略部署,将科技创新摆在交通运输现代化建设全局的突出位置,坚持面向需求、面向世界、面向未来,把智慧交通建设作为主战场,深入实施创新驱动发展战略,以科技创新引领交通运输的全面创新。通过全行业广大科研工作者长期不懈的努力,交通运输科技创新取得了重大进展与突出成效,在黄金水道能力提升、跨海集群工程建设、沥青路面新材料、智能化水面溢油处置、饱和潜水成套技术等方面取得了一系列具有国际领先水平的重大成果,培养了一批高素质的科技创新人才,支撑了行业持续快速发展。同时,通过科技示范工程、科技成果推广计划、专项行动计划、科技成果推广目录等,推广应用了千余项科研成果,有力促进了科研向现实生产力转化。组织出版"交通运输建设科技丛书",是推进科技成果公开、加强科技成果推广应用的一项重要举措。"十二五"期间,该丛书共出版72册,全部列入"十二五"国家重点图书出版规划项目,其中12册获得国家出版基金支持,6册获中华优秀出版物奖图书提名奖,行业影响力和社会知名度不断扩大,逐渐成为交通运输高端学术交流和科技成果公开的重要平台。

"十三五"时期,交通运输改革发展任务更加艰巨繁重,政策制定、基础设施建设、运输管理等领域更加迫切需要科技创新提供有力支撑。为适应形势变化的需要,在以往工作的基础上,我们将组织出版"交通运输科技丛书",其覆盖内容由建设技术扩展到交通运输科学技术各领域,汇集交通运输行业高水平的学术专著,及时集中展示交通运输重大科技成果,将对提升交通运输决策管理水平、促进高层次学术交流、技术传播和专业人才培养发挥积极作用。

当前,全党全国各族人民正在为全面建成小康社会、实现中华民族伟大复兴的中国梦而团结奋斗。交通运输肩负着经济社会发展先行官的政治使命和重大任务,并力争在第二个百年目标实现之前建成世界交通强国,我们迫切需要以科技创新推动转型升级。创新的事业呼唤创新的人才。希望广大科技工作者牢牢抓住科技创新的重要历史机遇,紧密结合交通运输发展的中心任务,锐意进取、锐意创新,以科技创新的丰硕成果为建设综合交通、智慧交通、绿色交通、平安交通贡献新的更大的力量!

2016 年 6 月 24 日

序 Preface

2003年，港珠澳大桥工程研究启动。2009年，为应对由美国次贷危机引发的全球金融危机，保持粤、港、澳三地经济社会稳定，中央政府决定加快推进港珠澳大桥建设。港珠澳大桥跨越珠江口伶仃洋海域，东接香港特别行政区，西接广东省珠海市和澳门特别行政区，是"一国两制"框架下粤、港、澳三地合作建设的重大交通基础设施工程。港珠澳大桥建设规模宏大，建设条件复杂，工程技术难度、生态保护要求很高。

2010年9月，由科技部支持立项的"十二五"国家科技支撑计划"港珠澳大桥跨海集群工程建设关键技术研究与示范"项目启动实施。国家科技支撑计划，以重大公益技术及产业共性技术研究开发与应用示范为重点，结合重大工程建设和重大装备开发，加强集成创新和引进消化吸收再创新，重点解决涉及全局性、跨行业、跨地区的重大技术问题，着力攻克一批关键技术，突破瓶颈制约，提升产业竞争力，为我国经济社会协调发展提供支撑。

港珠澳大桥国家科技支撑计划项目共设五个课题，包含隧道、人工岛、桥梁、混凝土结构耐久性和建设管理等方面的研究内容，既是港珠澳大桥在建设过程中急需解决的技术难题，又是交通运输行业建设未来发展需要突破的技术瓶颈，其研究成果不但能为港珠澳大桥建设提供技术支撑，还可为规划研究中的深圳至中山通道、渤海湾通道、琼州海峡通道等重大工程提供技术储备。

2015年底，国家科技支撑计划项目顺利通过了科技部验收。在此基础上，港珠澳大桥管理局结合生产实践，进一步组织相关研究单位对以国家科技支撑计划项目为主的研究成果进行了深化梳理，总结形成了"港珠澳大桥跨海集群工程建设关键技术与创新成果书系"。书系被纳入了"交通运输科技丛书"，由人民交通出版社股份有限公司组织出版，以期更好地面向读者，进一步推进科技成果公开，进一步加强科技成果交流。

值此书系出版之际,祝愿广大交通运输科技工作者和建设者秉承优良传统,按照党的十八大报告"科技创新是提高社会生产力和综合国力的战略支撑,必须摆在国家发展全局的核心位置"的要求,努力提高科技创新能力,努力推进交通运输行业转型升级,为实现"人便于行、货畅其流"的梦想,为实现中华民族伟大复兴而努力!

港珠澳大桥国家科技支撑计划项目领导小组组长
本书系编审委员会主任

2016 年 9 月

前言

本书以国家科技支撑计划"港珠澳大桥跨海集群工程建设关键技术研究与示范"课题五"跨境隧-岛-桥集群工程的建设管理、防灾减灾及节能环保关键技术"子课题五"跨境隧-岛-桥集群工程节能减排关键技术"相关研究成果为基础编著而成。

随着我国交通基础设施的迅速发展，交通运输行业在国民经济体系中起着越来越重要的作用；推动交通运输行业的节能减排，对于我国发展低碳经济、建设节约型社会具有重要的意义。本书依托课题研究成果，系统论述了大型岛隧工程运营期节能减排的主要技术成果及其工程应用实例。

本书对沉管隧道通风节能减排技术体系搭建、多目标智能化隧道通风系统的开发、人工光与自然光相结合的隧道照明关键技术、海中人工岛运营的热泵冷热联供技术与太阳能蓄供电技术等几方面研究成果进行了论述，并介绍了工程中的应用情况，可为今后同类工程节能减排提供经验。

本书由苏权科、邢燕颖、杨秀军、韩直、赵黛青担任主编。全书共分5章，具体编写分工如下：第1章由苏权科、周永川、邢燕颖、张昊、杨秀军、韩直、赵黛青、刘胜强等共同编写；第2章由杨秀军、邢燕颖、张昊、葛涛、汤召志等共同编写；第3章由韩直、涂耘、王小军、史玲娜、王春等共同编写；第4章由赵黛青、汪鹏、舒杰、叶灿滔等共同编写；第5章由苏权科、杨秀军、韩直、赵黛青、刘胜强等共同编写。

本书在编写过程中得到了西南交通大学王明年教授、国家发改委能源研究所胡秀莲研究员、北京交科公路勘察设计研究院有限公司颜静仪教授级高工的大力支持，在此表示感谢。

由于编者水平有限，书中难免有疏漏和不妥之处，敬请广大读者和专家批评指正。

作 者
2018年1月

目 录

Contents

第1章　绪论 ··· 1
  1.1　项目背景 ··· 1
  1.2　长大沉管隧道通风系统节能减排技术发展趋势 ································· 2
  1.3　隧道照明节能技术发展趋势 ·· 4
  1.4　海上人工岛节能技术发展趋势 ·· 4
  1.5　小结 ··· 5

第2章　长大沉管隧道通风节能减排关键技术 ·· 7
  2.1　长大沉管隧道通风系统设计 ·· 7
    2.1.1　长大沉管隧道通风系统构成 ··· 7
    2.1.2　长大沉管隧道通风系统设计方法 ·· 8
    2.1.3　长大沉管隧道通风设施布置 ··· 10
  2.2　长大沉管隧道通风节能减排技术 ·· 10
    2.2.1　长大沉管隧道洞口污染气体串流防治的节能减排技术 ················· 11
    2.2.2　长大沉管隧道射流风机效率提升技术 ····································· 16
    2.2.3　长大沉管隧道有效利用自然风的节能减排技术探讨 ···················· 21
    2.2.4　长大沉管隧道变频控制技术 ··· 30
  2.3　港珠澳大桥沉管隧道智能化通风控制系统开发 ······························· 33

第3章　长大沉管隧道照明节能减排关键技术 ·· 45
  3.1　隧道照明系统设计 ··· 45
  3.2　长大沉管隧道照明节能影响因素 ·· 46
    3.2.1　隧道环境 ··· 46
    3.2.2　灯具选择 ··· 47
    3.2.3　设计方法 ··· 47
    3.2.4　控制方法 ··· 47
  3.3　隧道环境相关技术 ··· 48

  3.3.1 洞外亮度 $L_{20}(S)$ 取值方法 ····· 48
  3.3.2 洞口减光设施设置技术 ····· 49
 3.4 隧道照明灯具优选技术 ····· 52
  3.4.1 隧道照明光源比选指标 ····· 52
  3.4.2 隧道照明光源比选方法 ····· 54
  3.4.3 光源及灯具维护 ····· 58
 3.5 隧道照明节能方法 ····· 59
  3.5.1 设计方法与步骤 ····· 59
  3.5.2 布灯方法 ····· 60
  3.5.3 布线方法 ····· 61
  3.5.4 照明眩光控制指标与措施 ····· 62
  3.5.5 自然光在沉管隧道照明节能设计中的应用 ····· 64
  3.5.6 人工光与自然光相结合的布灯方法 ····· 68
 3.6 隧道照明节能控制方法 ····· 71
  3.6.1 控制原理 ····· 71
  3.6.2 隧道照明节能控制算法 ····· 72
  3.6.3 闭环反馈智能控制模型 ····· 75
  3.6.4 自然光与人工光照明相结合的控制方案 ····· 79

第4章 海上人工岛节能减排关键技术 ····· 82
 4.1 海上人工岛太阳能海水源热泵技术 ····· 82
  4.1.1 研究现状 ····· 82
  4.1.2 应用现状 ····· 84
  4.1.3 太阳能海水源热泵系统应用关键技术分析 ····· 91
  4.1.4 太阳能海水源热泵系统设计方案和主要设备选型 ····· 100
  4.1.5 太阳能海水源热泵系统冷热联供运行模式研究 ····· 108
 4.2 人工岛光伏发电建筑一体化技术 ····· 111
  4.2.1 技术研究现状 ····· 111
  4.2.2 应用现状 ····· 113
  4.2.3 人工岛各类建筑用电负荷核算 ····· 114
  4.2.4 人工岛分布式光伏电站技术方案 ····· 115
  4.2.5 人工岛分布式光伏电站系统设计和主要设备选型 ····· 116
 4.3 海上人工岛可再生能源评价方法构建及应用 ····· 124
  4.3.1 常规能源系统技术参照方案 ····· 124

4.3.2 可再生能源系统技术方案 ………………………………………………… 125
4.3.3 可再生能源应用评价指标体系 …………………………………………… 127
4.3.4 可再生能源技术应用评价 ………………………………………………… 129
4.3.5 可再生能源系统综合评价 ………………………………………………… 133
4.4 结论与建议 ……………………………………………………………………… 140
第5章 结论与展望 …………………………………………………………………… 141
参考文献 ………………………………………………………………………………… 142

第 1 章 绪 论

1.1 项目背景

港珠澳大桥跨海集群工程是粤港澳三地首次合作共建的重大基础设施。港珠澳大桥工程包括三项内容:一是海中桥隧主体工程;二是香港、珠海和澳门三地口岸;三是香港、珠海、澳门三地连接线。

港珠澳大桥跨越珠江口伶仃洋海域,是连接香港、珠海、澳门的大型跨海通道工程,是国家高速公路网规划中珠江三角洲地区环线的组成部分和跨越伶仃洋海域的关键性工程(港珠澳大项目平面示意见图 1-1)。港珠澳大桥是由离岸特长沉管隧道、海中人工岛、跨海大桥组成的跨海交通集群工程,是中国交通建设史上技术最复杂、环保要求最高、建设要求及标准最高的工程之一,也是目前世界上技术难度最大跨海集群工程。

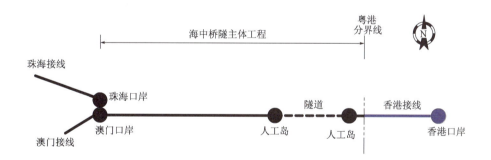

图 1-1 港珠澳大桥项目平面示意图

海中桥隧主体工程采用桥-岛-隧结合方案,采用约 6.7km 沉管隧道方案穿越伶仃西航道和铜鼓航道段,其余路段约 22.9km 采用桥梁方案。为实现桥隧转换和设置通风井,主体工程隧道两端各设置一个海中人工岛。主体结构物处于深厚软弱地层上,地层分布差异大,基岩埋藏在海床面下 50~110m,抗震设防标准高,全线阻水率要求严格,穿越中华白海豚保护区,并处在珠江航运最繁忙区段,其设计施工难度在世界范围内首屈一指。

大型跨海集群工程建设规模大,技术标准高,且一般担负着区域乃至国家重要通道的作用,具有通道交通量大、运营环境要求高,建设期、运营期能耗高等突出特点。目前,针对大型隧-岛-桥集群工程节能减排的核算指标体系,在国内还基本处于空白;利用人工光与自然光相结合的方式实现智能化的长大隧道照明,通过多目标智能控制与变频控制技术实现主动式的长大隧道通风,通过热泵技术实现跨海桥梁与人工岛运营节能减排,在国内同类工程中尚无成功应用。基于此,开展了"大型隧-岛-桥集群工程节能减排关键技术研究",并形成了相关研究成果。跨海集群工程节能减排相关研究成果将推动交通运输行业节能减排技术的发展,对于我国发展低碳经济、建设节约型社会都有重要的意义。

随着绿色公路建设理念的贯彻和运营节能的巨大需求,工程节能减排技术发展迅速,应用种类较多,如风光互补技术对低能耗设备的供电技术、建筑节能技术等。根据港珠澳大桥跨海集群工程的技术特点和工程实践,本书重点对沉管隧道运营节能和海中人工岛清洁能源利用技术研究成果和工程实践进行介绍。

依托"大型隧-岛-桥集群工程节能减排关键技术"研究成果,编写了《港珠澳大桥工程节能减排评价方法及应用》《港珠澳大桥岛隧工程节能减排关键技术》两本专著。

《港珠澳大桥工程节能减排评价方法及应用》从宏观层面介绍了跨海集群工程建设期和运营期节能减排的框架结构和指标体系的相关成果。《港珠澳大桥岛隧工程节能减排关键技术》主要介绍大型岛隧工程在项目运营期节能减排的相关研究成果和工程实践。

本书依托国家科技支撑计划研究成果,以港珠澳大桥跨海集群工程为工程背景,系统阐述了智能化长大隧道照明与通风节能减排技术方案和人工岛运营节能减排相关研究成果和工程实践。

1.2　长大沉管隧道通风系统节能减排技术发展趋势

隧道通风系统是维持隧道正常运营环境和火灾工况下人员安全性的重要保障,系统耗能巨大。理论计算表明,通风系统所需的电力消耗与通风量大约呈 3 次方的关系。水下隧道由于交通量大、坡度大、运营环境要求高等特点,造成运营期需风量大,能耗高。根据以往工程案例,隧道通风系统能耗在日常的运营开支中占极大的比重(特长隧道一般占 80% 以上)。我国已建和在建水下隧道数量呈逐年继增趋势,研究采用先进的通风控制系统能完善我国现有水下隧道通风技术,改善通风效果,增加行车安全性及舒适度,还可大大降低运营费用,具有广泛的应用前景。

目前,国内外公路隧道通风智能控制基本均为"被动式"运行模式,即根据交通量及车辆运行速度调整风机运行方案,该方案既难以有效控制通风系统耗能,也不能保证风机运转处于最佳运行效率工况。

日本在隧道通风控制方面做了大量研究,并取得较好的应用效果。日本道路公团用模糊控制实现隧道内风速和 VI 等多目标输入的公路隧道通风反馈控制系统。日本日立公司在此基础上运用信息和模糊控制理论,研发出具有预判功能的公路隧道通风控制系统,并应用在日本北陆高速公路隧道。九州公路的金刚山隧道和福知山隧道、能生隧道等隧道的通风控制则采用了前馈式智能模糊控制系统,收到了较好的效果。东京湾海底隧道(双向四车道,双洞单向交通,竖井送排式纵向通风 + 静电集尘技术)即全面采用了前馈式智能模糊控制系统。1996 年,中国台湾学者在日本研究的基础上,将交通量以及污染物浓度的预测值作为前馈输入量,并加入时间、空间过滤器,改进了模糊控制系统(Ua1)。实践证明,这种控制系统在控制性能和节能方面取得了较好效果。神经网络由于具有较强的学习能力,目前也开始在通风控制中采用。例如纵向流公路隧道在线学习通风控制系统,通过建立神经网络,学习前面时刻的 VI 值、风速、风机台数,不断修改网络权重,预测下一时刻的控制策略,该系统很好地解决了双向交通 VI 易恶化的问题。

模糊控制、神经网络、专家系统的融合是目前现代控制方法的发展方向。西南交通大学于 1999 年开始了公路隧道通风现代控制方法的研究,相继提出了基于经验的模糊纵向通风控制系统、基于模糊神经网络的纵向通风控制系统和神经网络在线控制系统,取得了阶段性成果。

前馈式智能模糊方法是由根据进入隧道前区段的交通量信息及洞内的车辆检测器,实时了解隧道内交通量、行车速度、车辆构成等,通过检测交通流状况,对以后的交通量进行预测,并分析交通流特征,用数值模拟手段计算出以后一段时间内的污染浓度前馈信号,并考虑由 VI 传感器、CO 传感器测出来的污染物浓度后馈信号,由前馈信号和反馈信号共同完成对风机的风量、运转台数等进行控制。与后馈控制相比,可从一定程度上解决后馈控制方法中存在的时滞性问题,并节省电力消耗,适用于风机台数较多的特长隧道。

我国目前在已建成的长大公路隧道中主要采用以固定程序控制和反馈控制为主体的通风控制方法,尚未进行前馈控制法和前馈式智能模糊控制法的研究开发,而在建和计划修建的为数众多的长大公路隧道均采用了纵向通风方式。长安大学针对秦岭终南山隧道开展了通风参数研究,对基准排放量和污染物控制指标进行了修正,降低了通风系统规模。招商局重庆交通科研设计研究院有限公司针对秦岭终南山隧道开展了通风控制方案的研究,提出了基于车流量的模糊控制模式,提高了通风系统节能效果。在通风系统综合节能技术的基础上,耦合隧道车流量、隧道内污染物参数、风机开启方案等,开发研究适应我国国情的长大公路智能通风控制技术,提高通风设备的有效利用率,节省电力消耗,增加行车安全舒适度,有广阔的应用前景和巨大的技术经济效益。

1.3 隧道照明节能技术发展趋势

隧道照明节能技术方面国外研究较早,早在20世纪60年代,依据交通量、速度和洞外亮度进行自动调光技术就已经在意、法两国之间的Mont Blanc隧道实施照明。20世纪80年代后期,为了规范隧道照明设计和施工,减少交通事故,世界各国相继颁布了公路隧道照明设计规范,如欧洲制定的《欧洲隧道照明标准》《隧道照明指南》等。

针对隧道照明灯具的研究,国外依据驾驶员视觉特性和隧道内的视觉环境制定了一系列的数值计算准则,如德国的侧壁面计算方法和日本的灯具维护系数等。欧美发达国家从灯具材料、光学特性、外观质量、功能结构等方面做了深入研究,并取得了一定的成果。同时,美日在基于驾驶员视觉特征和驾驶行为的公路隧道照明研究方面也取得了突破性进展。

在隧道照明控制技术方面,逐渐由逻辑分组控制向根据隧道交通量、行车速度、天气情况等因素的模糊智能控制网络技术发展。

国内对隧道照明节能技术的研究起步相对较晚,原交通部于2000年1月颁布的《公路隧道通风照明设计规范》(JTG 026.1—1999),将隧道照明分为洞外引道照明、接近段减光照明、入口段照明、过渡段照明、基本段照明、出口段照明和应急照明,并规定长度大于100m的隧道应设置照明设施。招商局重庆交通科研设计研究院有限公司通过进行大量数据调研和现场调研,并在科学研究的基础上得出:在充分考虑隧道洞口自然光对隧道内照明贡献的情况下,对于通透率较好的隧道可减小照明设置规模,并规定长度大于200m的高速公路隧道、一级公路隧道应设置照明,并将该项规定纳入新颁布的《公路隧道照明设计细则》(JTG/T D70/2-01—2014)。

在隧道照明技术方面,我国目前的研究主要集中在隧道照明设计、照明灯具和隧道侧壁反光材料等方面。近些年来,随着公路建设的发展及城市交通量的递增,综合交通量、行车速度、环境亮度等因素研究公路隧道照明节能也处于方兴未艾状态,加之LED节能控制技术的发展,通过LED智能控制系统在检测洞外亮度、交通流状态调节灯具的开关数量或功率的基础上实现隧道照明的"按需照明"已成为当前隧道照明节能控制技术的趋势,如云南马道子隧道通过检测交通量状态进行隧道照明控制,有效降低了隧道照明能耗。此外,基于驾驶员视觉特征、心理特征的公路隧道照明节能技术的研究亦有报道。

1.4 海上人工岛节能技术发展趋势

人工岛是人工建造而非自然形成的岛屿,一般在小岛和暗礁基础上建造,是填海造地的一种。人工岛的大小不一,由扩大现存的小岛、建筑物或暗礁,或合并数个自然小岛建造而成;有时是独立填海而成的小岛，用来支撑建筑物或构造体的单一柱状物，从而支撑其整体。依据《联合国海洋法公约》，近岸设施和人工岛屿不应视为永久海港工程(第十一条)，并在200海里(370km)内隶属最近的沿海国的管辖范围(第五十六条)。人工岛屿、设施和结构不具有岛屿地位，它们没有自己的领海，其存在也不影响领海、专属经济区或大陆架界限的划定；只有沿海国有权建造人工岛屿(第六十条)；在国家管辖范围以外的公海，任何"国家"可建造人工岛屿(第八十七条)。

港珠澳大桥总长55km，创下世界最长跨海大桥的纪录，拥有世界上最长的沉管海底隧道，也是中国建设史上里程最长、投资最多、施工难度最大的跨海桥梁，被英国《卫报》评为"新世界七大奇迹"之一。世界上大部分跨海大桥的设计使用寿命是100年，而这座桥的设计使用寿命是120年，比其他跨海大桥多出整20年之久。大桥主体由6.7km的海底隧道和长达22.9km的桥梁组成，作为海底隧道和海上桥梁的连接部，隧道两端专门填建了两个人工岛，外形像两艘巨型航母，建成后将成为当今世界上最美丽的人工岛。该人工岛需填海造地217.56万m^2，包括南、北两个标段的护岸工程、陆域形成工程、地基处理工程以及交通船码头工程等。

海上人工岛由于受海上气候环境的影响，且承担桥隧养路维护、观光旅游等重要功能，能源供给需要具有稳定性，能源基础设施运行尤其需要安全、高效和清洁。人工岛建筑的功能需求与公共建筑的需求有一定的相似性和差异性，如空调、照明、供电系统等由于海洋气候的特殊性，需要进行详细分析。

人工岛位于海上，为太阳能、风能、海洋能利用提供了资源条件，考虑到大桥建设有高度限制，且人工岛所在地域经常遭遇强台风，对风机抗台风性能要求很高，因而在港珠澳大桥人工岛上没有考虑风资源利用。与各类建筑一样，海上人工岛是利用太阳资源的良好载体，如利用太阳能提供生活热水、采暖空调、采光照明以及部分电力供应等。本项目在传统被动式太阳房热性能分析基础上，从人工岛上建筑物复合能量利用系统角度出发，以充分利用人工岛建筑物结构特点、提高人工岛太阳能利用份额为目标，重点针对利用海上人工岛上的可再生能源来解决岛上建筑物的空调和照明问题，开展了资源评估、技术研发、方案设计、能源效率及经济性评估等大量工作，旨在为海上人工岛提出科学、先进、可行的基于太阳能光伏技术和海水源太阳能热泵技术的可再生能源利用方案。

1.5 小　　结

根据对国内外项目节能减排技术发展的调研，跨海集群工程尤其是岛隧工程节能减排技术，国内外均做了一定程度的研究。节能减排技术研究缺乏系统性，研究成果与工程实际结合不紧密，工程实施效果不明显。为更好推动工程节能减排技术的发展和应用，需要结合项目特点进行系统性研究,并对影响工程节能减排的要点进行技术攻关,提高研究成果的可实施性。

本书重点介绍港珠澳大桥岛隧工程节能减排技术的研究成果和工程实践,尤其是沉管隧道及海中人工岛节能减排技术的研究成果和应用情况。

第2章　长大沉管隧道通风节能减排关键技术

2.1　长大沉管隧道通风系统设计

2.1.1　长大沉管隧道通风系统构成

港珠澳大桥沉管隧道采用沉管隧道两孔一管廊的设置方案(图2-1)。中间管廊设置于两处行车主洞中间,分别担负排烟、人员逃生以及电缆通道功能。隧道双向六车道,设计速度100km/h。

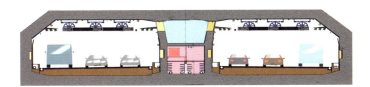

图2-1　沉管隧道标准横断面图

港珠澳大桥沉管隧道通风系统由环境检测系统、行车孔通风系统、独立排烟系统、安全通道通风系统、高压细水雾降温系统等几部分组成。按照一次设计、分期实施的原则,高压细水雾降温系统、静电集尘等近期预留实施条件,远期实施。

1)行车孔通风系统

隧道行车孔正常运营通风采用纵向全射流风机通风+分流型竖井排出式相结合的组合式通风方案。正常运营工况下通过射流风机进行通风换气,在洞口区域通过东、西人工岛的风塔将污染气体收集进行高空排放,从而保证隧址区空气质量。

2)独立排烟系统

隧道设置独立排烟道和重点排烟系统。在火灾工况下通过开启火灾点附近排烟口进行排烟。排烟口设置电动排烟口,通过远程控制电动排烟口开启,实现事故工况下紧急排烟的功能。

3)安全通道通风系统

在东、西人工岛各设置一处安全通道风机房。风机房内各设置加压风机,用于火灾工况下保持对事故隧道的正压通风,防止烟雾进入安全通道。

4)高压细水雾降温系统

车辆行驶排出大量废热,会造成隧道温升过高。隧道内温度过高(>45℃)会影响通行人员的安全驾驶和舒适性以及设备的安全运行。考虑到远期车辆排热情况的不确定性以及后期安装降温系统的可操作性,近期预留安装条件,远期视实际情况实施。

2.1.2 长大沉管隧道通风系统设计方法

1)主要设计参数

(1)卫生、安全、舒适标准

根据 PIARC 技术规范(2004),结合《公路隧道通风设计细则》(JTG/T D70/2-02—2014)确定隧道卫生、安全、舒适标准如下:

①正常工况——CO:70cm^3/m^3,VI:0.005m^{-1},NO$_2$:1cm^3/m^3;

②阻滞工况——CO:100cm^3/m^3,VI:0.007 m^{-1},NO$_2$:1cm^3/m^3;

③隧道关闭工况——CO:200cm^3/m^3,VI:0.012 m^{-1},NO$_2$:1cm^3/m^3;

④换气标准:2030 年之前为 3 次/h;2030 年之后为 4 次/h;

⑤纵向通风换气风速:≥1.5m/s;

⑥安全通道:换气次数≥2 次/h;

⑦隧道内空气温度:≤40℃。

注:考虑隧址区外界空气污染气体本底浓度的影响。

(2)隧道洞口环境空气质量

按《环境空气质量标准》(GB 3095—1996)(含修正文件"环发〔2000〕1")相关规定执行。

(3)防排烟设计标准

①火灾设计当量:50MW,禁止油罐车等易燃易爆品车辆通行;

②排烟量:240m^3/s;

③安全通道:火灾工况下安全通道两端加压送风。

(4)风速标准

①隧道内设计风速≤10m/s;

②排烟道内设计风速≤18m/s;

③排风口设计风速≤10m/s;

④排风道内设计风速≤18m/s。

2)主要设计方案

环境监测系统主要负责采集隧道内的环境数据(温度、风速/风向、CO、VI、NO$_x$、大气压等数据),为隧道正常运营工况和事故工况下通风方案确定提供参数。行车孔通风系统主要为了保障隧道行车的安全性以及舒适性,远期设置静电集尘设备。排烟系统主要负责火灾工况下的集中排烟,控制烟雾扩散,保护人员逃生及救援工作的顺利进行。安全通道通风系统主要用于正常工况下的通风换气及火灾工况下正压通风。另外,考虑到行车孔远期隧道内温升过高的不利影响,在隧道内远期设置高压细水雾降温系统。

(1)行车孔通风系统

隧道行车孔正常运营通风采用全射流风机纵向通风+分流型竖井排出式通风相结合的组合式通风方案。正常运营工况下通过开启射流风机进行隧道内的通风换气,为保证隧道洞口的空气质量,通过东、西人工岛的风塔将污染气体收集进行高空排放。根据初设文件,在东、西人工岛各设置一座风塔。东、西人工岛各设置四台轴流风机(三用一备)作为排风风机,用于将隧道内的污染气体通过通风塔进行高空集中排放,其余少量污染气体从洞口排出。排风风机考虑采用变频器进行控制,以满足不同排风量的需要,实现节能减排的目的。

(2)独立排烟系统

隧道在中央管廊上层设置了独立的排烟道,排烟道全线贯通与东、西人工岛排烟风机相连。每隔约67.5m设置一处排烟口,排烟口位置位于行车孔中央管廊上方的排烟道侧壁。

在火灾工况下开启火灾点附近排烟口进行排烟。排烟口设置电动排烟口,通过远程控制电动排烟口开启,实现事故工况下紧急排烟的功能。在东、西人工岛各设置两台轴流排烟风机用于火灾工况下的排烟。

考虑到烟道距离较长约6km,沿程漏风及阻力较大,为保证火灾工况下的排烟系统可靠性,在排烟道内每隔一定间距设置一处辅助排烟风机,用于火灾工况下辅助排烟。

隧道独立排烟系统排烟示意见图2-2。

图2-2 隧道独立排烟系统排烟示意图

(3)安全通道通风系统

在东、西人工岛各设置一处安全通道风机房。风机房内各设置两台加压风机(一用一备),用于火灾工况下保持对事故隧道的正压通风,防止烟雾进入安全通道。

考虑到隧道内安全门数量较多,且安全通道与电缆通道采用盖板进行隔离,漏风较为严重,在火灾工况下保证正压较为困难。为保证正压通风的需要,拟在安全通道内强电管廊侧设置加压风机,根据事故点位置的不同开启管廊内风机实现其加压功能。

(4) 高压细水雾降温系统

车辆行驶排出大量废热,会造成隧道温升过高。隧道内温度过高(>45℃)会影响通行人员的舒适性和安全驾驶以及设备的安全运行。根据初设文件,考虑到远期车辆排热情况的不确定性以及后期安装降温系统的可操作性,考虑远期视实际情况实施。

(5) 各系统之间的相互关系

除上述 4 个子系统外,还有隧道进出口的车辆检测系统,这 5 个子系统共同组成了港珠澳大桥沉管隧道的通风系统。通风系统控制方案如图 2-3 所示。

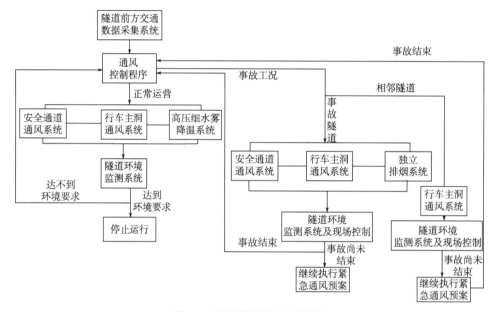

图 2-3　通风系统控制方案流程图

2.1.3　长大沉管隧道通风设施布置

沉管段隧道内设置 φ1 120、37kW 双向可逆射流风机,三台一组进行布置。考虑到静电集尘技术的发展,在隧道内预留了静电集尘设备预埋件,为远期实施预留了条件。风机在布置时尽量避开大型情报板等障碍物。

东、西人工岛分别设置轴流排风风机房、轴流排烟风机房、安全通道风机房、风机控制室、高压细水雾降温系统预留机房等。

2.2　长大沉管隧道通风节能减排技术

根据港珠澳大桥沉管隧道通风系统的特点,从通风系统参数优化、洞口污染气体串流影响干预、自然风利用技术、射流风机效率提升、轴流风机变频控制等方面进行了研究,并在此基础上基于隧道风机最优运行效率与交通运营安全条件下的车辆平均行驶速度、交通运营安全、废弃物排放量三者之间的最佳匹配曲线,利用多目标智能化控制方法,开发了高效运转、低值能耗、低量废弃物排放的港珠澳大桥海底沉管隧道通风系统。

本节主要介绍洞口污染气体串流防治、射流风机效率提升技术、自然风在隧道通风系统利用、智能化通风控制系统开发等方面的研究成果和在工程中的应用。

2.2.1 长大沉管隧道洞口污染气体串流防治的节能减排技术

港珠澳大桥沉管隧道通风系统采用纵向全射流通风加洞口集中排风方案,污染气体部分或者全部由洞口直接排出。原设计方案中未考虑隧道洞口污染气体串流的不利影响,左、右线隧道未完全隔离见图2-4,洞口排出的部分污染气体会被相邻隧道作为新鲜风重新吸入造成污染气体的二次污染,增加通风系统能耗。一般采用洞口错开或加长中隔墙等方案来减少洞口污染气体的串流问题见图2-5。

图2-4 港珠澳大桥沉管隧道遮光棚段效果图(原方案) 　　图2-5 上海长江隧道遮光棚示意图

本节运用 Ansys Fluent 软件评估原洞口遮光棚设置方案在正常运营通风条件下,污染气体串流的影响范围及两洞之间串流量。结合数值模拟结果对原设计方案进行各种优化方案的数值模拟,分析污染气体扩散路径,提出沉管隧道洞口污染气体串流的干预方案。

1)隧道洞口污染气体扩散路径分析模型

为研究污染气体在洞口区域扩散路径,根据隧道洞口区域的实际形式建立与实际隧道尺寸比为1:1的数值模型,采用 CO 作为示踪气体,利用 Ansys Fluent 软件进行数值模拟分析。

(1)模型的建立

按隧道实际尺寸建立1:1的三维模型进行数值模拟,考虑实际情况及计算的实际情况,取暗埋段的长度为10m,遮光棚段长度139m,污染气体的浓度检测断面1、2分别在暗埋段的左线隧道入口和右线隧道出口。隧道出口段采用长100m、宽80m、高50m的长方体模拟外界大气环境,其三维模型如图2-6所示。

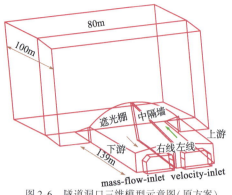

图 2-6 隧道洞口三维模型示意图（原方案）

（2）边界条件及模拟假设条件

为了分析问题的简化，对计算模型进行假设，其边界条件及假设条件如下：

①左线隧道洞口设置为速度入口，入口处用 CO 作示踪气体。

②右线隧道洞口设置为质量进口，风速为 $-7\mathrm{m/s}$。

③模拟外界大气的长方体为压力出口，相对压力为 0。

④假定隧道出口处的污染气体流速和浓度都分布均匀，不考虑隧道内机动车对污染气体扩散的影响。

2）原方案洞口污染气体扩散路径分析

对隧道洞口区域无风工况下，污染空气串流情况进行分析，其 CO 的浓度分布如图 2-7 所示。

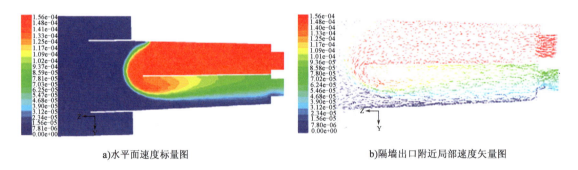

a）水平面速度标量图　　　　　　b）隔墙出口附近局部速度矢量图

图 2-7　隧道洞口区域 CO 浓度分布图

数值模拟得到检测断面 1、2 的 CO 的浓度，知左线隧道排出的污染空气大约有 80% 进入了右线隧道，因此有必要采取措施来降低隧道之间的串流对相邻隧道的影响。

考虑到隧道洞口的实际情况，拟采用如下途径来缓解洞口污染气体的二次污染：增加中隔墙的长度、遮光棚顶端开口及增加中隔墙的长度 + 遮光棚顶端开口。通过对每种方案洞口污染气体扩散路径分析，确定其最终解决方案。

3）中隔墙长度加长污染气体扩散分析研究

根据以往工程经验，左、右线隧道中隔墙的增长能明显改善污染气体串流，因此有必要研究不同的隔墙长度对通风效果的研究。本节考虑实际情况，对遮光棚出口处隔墙长度分别延长 8m、20m、30m、40m 和 50m 共 5 种工况进行模拟，三维模型如图 2-8 所示。

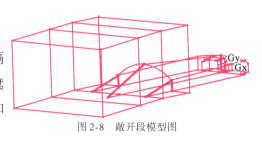

图 2-8　敞开段模型图

通过计算得到不同工况下的一氧化碳的浓度分布图如图2-9所示。

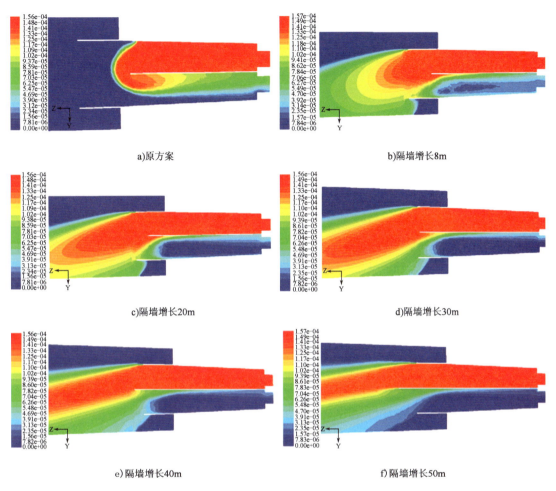

图2-9 一氧化碳浓度分布图

由图2-9可以看出,随着隔墙长度的增长,其下游隧道的一氧化碳浓度明显的降低。这是由于随着隔墙的增长,上、下游隧道之间的串流影响明显减少,从而上游隧道的污染气体大部分排到大气内。

数值模拟得到检测污染空气的检测断面1的CO浓度均为$150cm^3/m^3$、检测断面2的CO的浓度如表2-1所示,不同隔墙的长度的通风效果比较见图2-10。

各方案通风效果比较表   表2-1

方案	原方案(-8m)	隔墙增长(8m)	隔墙增长(20m)	隔墙增长(30m)	隔墙增长(40m)	隔墙增长(50m)
CO浓度(cm^3/m^3)	55.3	36.8	23.6	17.4	13.1	10.5

由图2-10也可以看出,随着中隔墙长度的增加,污染空气进入下游隧道的含量逐渐降低,在隔墙增加到20m以后,随着隔墙长度增加,污染空气进入下游隧道的量是呈负指数下降,下降的幅度不如隔墙长度为20m以内的明显。在隔墙长度增加到35m以后,可以将下游隧道内

的污染空气的含量与上游隧道出口污染空气的含量比,即串流量评价因子控制在25%以内。因此在设计中,可以根据实际条件及相关规范对下游隧道内的污染空气的含量的要求及规定来选用不同的隔墙长度。

4) 遮光棚顶部开口方案

遮光棚顶部是否通透对污染气体串流也有较大影响,下面将对遮光棚顶部不同开口方案对洞口污染气体串流影响进行分析。

(1) 遮光棚顶部设置两道开口

为分析遮光棚顶部设置两道通风口的条件下污染气体扩散情况,在右线(下游隧道)遮光棚距离暗埋段入口处20m处,在顶端封闭的遮光棚上开一个纵向长度为5m的长条状,隔5m再开一个相同的长条状(数值模型如图2-11所示)。

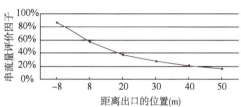

图2-10 不同隔墙的长度的通风效果比较图
注:图中距离出口的位置表示以遮光棚段出口处为基准点,距离该基准点的位置。串流量评价因子表示上游隧道污染气体串流进入下游隧道的含量与上游隧道污染空气含量的比值。

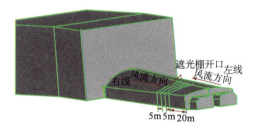

图2-11 遮光棚开口模型图

对隧道出口处无风时,对隔墙增长方案的污染空气串流情况进行了模拟,其CO的浓度分布如图2-12所示。

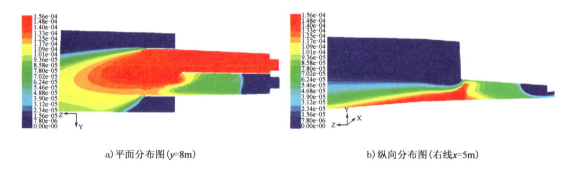

a) 平面分布图($y=8m$)　　　　　　b) 纵向分布图(右线$x=5m$)

图2-12 CO浓度分布图

由图2-12可以看出,部分污染气体从顶部扩散到大气中,而仅有少量的污染空气经上游隧道串流进入下游的隧道,缓解了洞口污染气体的二次污染。数值模拟得到检测污染空气的检测断面1的CO浓度均为150cm^3/m^3、断面2的CO的浓度为18cm^3/m^3,知上游隧道污染空气有28%进入了下游隧道,可知该方案通风效果改善明显。

(2)遮光棚顶部设置三道开口

为进一步论证遮光棚顶部开口对污染气体串流的影响,在右线(下游隧道)遮光棚距离暗埋段入口处20m,在顶端遮光棚上开一个纵向长度为5m的长条状,隔5m再开一个相同的长条状,再隔5m再开一个相同的长条状。其改进的方案的模型如图 2-13 所示。

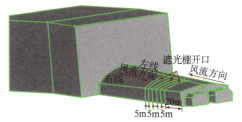

图 2-13 遮光棚开口模型图

在隧道出口处无风时,对隔墙增长方案的污染空气串流情况进行了模拟,其 CO 的浓度分布如图 2-14 所示。

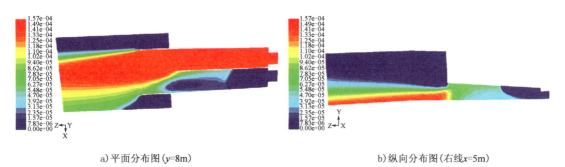

a)平面分布图($y=8m$)　　　　b)纵向分布图(右线$x=5m$)

图 2-14　CO 浓度分布图

由图 2-14 可以看出,与遮光棚顶端开二道口相比,其下游的污染空气浓度较低。上游的大量污染空气均随着风流排出大气。数值模拟得到检测污染空气的检测断面 1 的 CO 浓度均为 $150cm^3/m^3$、断面 2 的 CO 的浓度为 $3.7cm^3/m^3$,知上游隧道污染空气有 1.05% 进入了下游隧道,可知该方案通风效果改善非常明显。这也可以由图 2-15 比较可以看出。

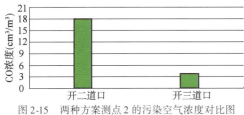

图 2-15 两种方案测点 2 的污染空气浓度对比图

由上知,在下游隧道的遮光棚上开口,在不影响总体景观的情况下,就能很明显地改善整个隧道的通风效果,因此建议港珠澳大桥沉管隧道的敞开段右线隧道顶端遮光棚开 3 道长条状口,这样基本上能解决上下游隧道串流的问题。

5)小结

港珠澳大桥沉管隧道受隧道通风方案及洞口设置形式的影响,原方案左、右洞之间污染气体串流较为严重,原方案大约有 80% 污染气体会进入相邻隧道,造成隧道洞口污染气体二次污染,增大了隧道通风装机功率。

根据研究成果,通过加长中隔墙长度、遮光棚顶部开口以及加长中隔墙长度结合遮光棚顶部开口可以较好地抑制洞口区域污染气体二次污染。

中隔墙加长35m左右可以较好地改善两洞之间污染气体串流问题。

遮光棚顶部设置三道开口可以较好地解决污染气体串流问题。

考虑隧道洞口污染气体扩散干预处置方案时还需兼顾隧道洞口景观需求等,实现功能与景观的协调统一。

港珠澳大桥沉管隧道遮光棚结合功能和景观,最后采用遮光棚顶部开口方案。

2.2.2 长大沉管隧道射流风机效率提升技术

射流风机是隧道通风系统重要的组成部分,也是正常运营工况下开启时间最长的设备。射流风机升压效率直接影响到通风系统的运营能耗。本节基于影响射流风机效率的横断面设置间距和纵向设置间距等几个关键因素进行了研究,并根据研究成果改进了原设计方案,提升了通风系统的节能效果。

1)风机横断面布设方案对射流风机升压效率影响分析

射流风机纵向设置间距以及横断面布设方案都会影响射流风机效率。本节将运用CFD软件对不同横断面布设方案对射流风机升压效率影响进行分析。

(1)模型的建立及边界条件设定

①物理模型及网格划分

建立三维数值分析模型时应充分考虑到风机的射流效果影响范围。模型的纵向长度取为600m,压力检测断面1、2分别取在距射流风机出、进口约20m位置。其模型及测点位置如图2-16和图2-17所示。

图2-16 隧道三维模型图

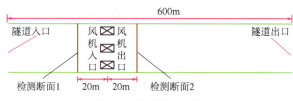

图2-17 检测断面位置图

②计算模型简化及计算条件

本文计算中将隧道内的空气流动看作是三维不可压缩稳定的黏性紊流。紊流流动的模型采用高雷诺数k-e双方程模型。数学模型包括连续性方程、动量方程和k-e模型方程。

模型的计算条件如表2-2所示。

数 值 模 拟 参 数　　　　　　　　　　　　表2-2

隧道外界参考压力(Pa)	摩阻损失系数	空气密度(kg/m^3)	运动黏滞系数(m^2/s)
101 325	0.022	1.20	1.52×10^{-5}

③边界条件

为考虑隧道内设计风速,其边界条件如下:

隧道入口定义为速度入口边界条件,速度大小为设计风速;

隧道出口定义为流量边界条件;

风机入口定义为流量边界条件;

风机出口定义为速度入口边界条件,速度大小为风机的出口风速;

隧道壁面定义相应粗糙度的壁面,风机壁面为光滑壁面。

④计算方法验证

为了检验数值计算方法的合理性,首先进行了验证性计算。采用该模型,隧道壁面的摩擦阻力系数为 0.022,将一台型号为 $\phi1\,120$、出口风速为 33.5m/s 的射流风机安装在距离顶部 1m 的对称位置。通过计算得到射流风机损失系数计算结果,如表 2-3 所示。

射流风机损失系数计算表　　　　　　　　　　　　表 2-3

数值计算值			规范取值	误差(%)
p_j'	np_j	η	$\eta_{规}$	
13.527	15	0.9018	0.91	0.901

注:p_j' 为风机实际升压力;n 为风机台数;p_j 为风机理论升压力,下同。

从计算结果可知,数值计算结果与规范上的结果吻合较好,两者的误差为 0.901%,说明本书所采用的方法是合理的。

(2)风机的安装高度影响

分别设置射流风机的下缘与拱顶之间的距离 L_1 为 1.5m、1.6m、1.7m、1.8m,对应的风机轴线与拱顶之间的距离 L_2 与射流风机直径 D 的比值为 0.75、0.83、0.92、1。不同风机安装高度单台风机损失系数如表 2-4 和图 2-18 所示。

不同风机安装高度单台风机损失系数表　　　　　　　　表 2-4

L_1	1.5m	1.6m	1.7m	1.8m
L_2/D	0.75	0.83	0.92	1.00
p_j'	12.85	12.96	13	13.08
p_j	15	15	15	15
η	0.857	0.864	0.867	0.872

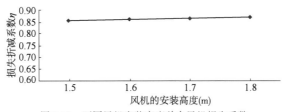

图 2-18　不同风机安装高度单台风机损失系数

由图2-18知,竖向位置对射流风机的折减效率有较大影响,风机折减效率随L_2/D的增大而增大,因此射流风机应尽量布置于远离拱顶的位置。

(3)射流风机的横向间距研究

港珠澳大桥沉管隧道中的射流风机按3台一组进行布置,这样风机喷出的气流会相互影响,其基本特征为:喷射出来的气流会相互卷吸和干扰,并逐渐因相互吸引而变为一股气流,最终与隧道内的气流完全混合达到稳定状态。

当射流风机的横向间距分别为1.5m、2m、2.5m、3m、3.5m时,对不同横向间距对射流风机损失系数的影响进行分析,分析结果如表2-5所示。

不同横向间距下的风机损失系数表　　　表2-5

横向间距	1.5m	2.0m	2.5m	3.0m	3.5m
p_j'	25	26	26.7	27.2	27.4
np_j	45	45	45	45	45
η	0.691	0.713	0.729	0.740	0.744

图2-19给出了并联风机组在不同的横向间距下的风机效率曲线图。

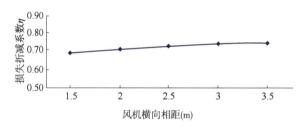

图2-19　不同横向间距下的风机效率系数图

由图2-19可以看出,当风机的间距逐渐增大时,其效率系数是逐渐增大的。这是由于风机出口的相互气流影响逐渐变小。风机间距较大时,风机之间的扰动减小。因此综合考虑其风机间距为3~3.5m是较合适的,能获得较大的升压力。图2-20给出了不同工况下的断面风速图。

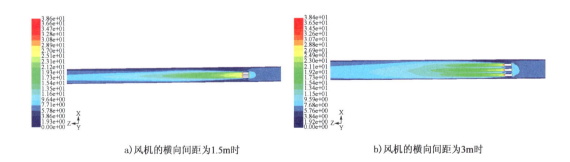

a)风机的横向间距为1.5m时　　　b)风机的横向间距为3m时

图2-20　水平面速度标量图

2）纵向设置间距对射流风机升压效率影响分析

射流风机纵向布设间距是射流风机的升压和诱导效应的另一个重要因素。完善的吸入条件和充分发展的射流是射流风机正常工作的必要条件，也是获得良好通风效果的基本保证。为此，射流风机之间必须保持合理的纵向间距，以使射流在隧道内充分发展，以获得经济的通风效应。

在距隧道入口断面100m处，布置三台射流风机。为了考察隧道内气流的速度和压力等沿隧道纵向上的分布情况，共设置三个检测位置。其中隧道中心线处，即 $h=5.37m$ 处，用于考察射流风机升压效果。隧道内两处，其位置分别为 $h=1m$、$h=3m$ 处，用于考察隧道内气流的速度和压力分别情况。

通过计算得到沿射流风机出口的静、动压纵向分布如图2-21、图2-22所示。

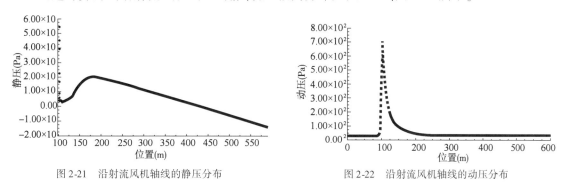

图2-21　沿射流风机轴线的静压分布　　　　图2-22　沿射流风机轴线的动压分布

由图2-22可以看出，在射流风机前方，动压迅速降低；在距风机出口25m后，动压变化逐渐变缓，而静压则逐渐增大；在距风机出口80m处，静压达到最大值，随后由于沿程摩阻损失，静压逐渐降低直到隧道出口。从这里可以看出，射流升压的形成过程实际上是一个动能向势能的转化过程。

隧道内静压分布见图2-23。隧道内的静压同样在风机出口80m处达到最大值（注：风机设置在100m处），然后由于沿程阻力的作用而逐渐减小至隧道出口。从隧道内的静压分布来看，射流风机完全发挥升压效果的静压效果的距离为100m，因此射流风机在纵向上的间距不能小于100m。

由于射流风机的局部升压作用，使得射流风机后方10m至前方150m内的气流速度受到严重影响。同样，从隧道内气流的湍流强度分布（图2-24）来看，射流风机处至前方150m的范围内，具有较大的湍流强度。故从气流速度和湍流强度来看，隧道中射流风机的影响应在前后170m范围以内。

通过对射流风机的纵向影响范围知，隧道中的射流风机的影响范围应为风机入口后方25m和风机出口前方155m处。本节分别对射流风机纵向间距为135m、157.5m、200m进行计算，从而确定射流风机最优纵向间距。

本书对这几种工况分别进行数值模拟，其计算结果如表2-6所示。

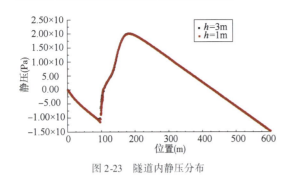
图2-23 隧道内静压分布

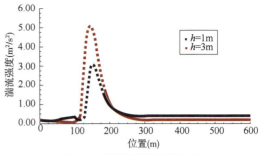
图2-24 隧道内湍流强度分布

不同风机纵向间距的损失系数表　　　　表2-6

风机纵向间距(m)	135	157.5	200
p_j'	32.8	33.15	33.37
np_j	45	45	45
η	0.729	0.732	0.742

由图2-25知,随着射流风机的纵向间距的增大,其效率是逐渐增大的,在157.5m后,其增加的幅度较小,这是因为射流升压效果的影响逐渐减小,由图2-25可清晰地看出,在风机的纵向间距为135m以上时,风机之间的气流影响很小。这与前面研究的结论是一致的。因此为了获得理想的升压力效果,射流风机的纵向间距不应小于135m。

其曲线图如图2-25所示。

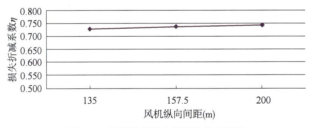
图2-25 不同风机纵向间距的损失系数

由于射流风机悬挂在隧道的拱顶位置上,射流风机的出口风速较大。由前面知,隧道内射流风机的影响范围应为前后135m,而在隧道内的拱顶上需要悬挂一些体积相对较大的设备。因此有必要对隧道内一些典型的位置进行研究,对射流风机升压力影响较大的设备应改变安装位置,从而获的较为理想的升压力,达到射流风机节能的效果。表2-7给出了沿风机轴线的典型位置的风速表,分别考虑两种工况,一种是在隧道设计风速下的工况,另外一种是仅有射流风机单独运行时的工况。

沿风机轴线的典型位置风速表(单位:m/s)　　　　表2-7

距风机的距离测点的风速	-10m	10m	20m	40m	75m
隧道设计风速为6.8m/s	7.4	28.6	19	13.87	10
仅射流风机运行	4.6	27.5	17	9.6	5.8

由图2-26知,距风机轴线入口10m时的风速较小,设备对风机的影响较小,可以不考虑该位置对风机升压力的影响。对于风机出口20m以内的位置,其风速较大,设备应避免安装在该段的拱顶位置。而在50m以后,则其影响较小。

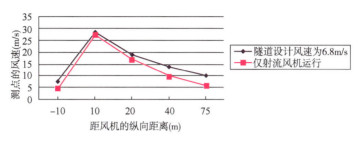

图2-26 沿风机轴线典型位置风速曲线图

3) 小结

如何实现风机的节能运行是隧道通风系统节能的关键,本章从风机安装位置对风机效率影响等方面进行了分析。

(1) 射流风机风机纵向布设间距和横断面设置间距对风机效率会产生影响。在135m以上,横断面间距3m以上可有效减少射流风机压力损耗。

(2) 射流风机出口会产生高速气流,障碍物距离风机出口过近,会降低风机升压力。在扩散路径前方50m左右,大型障碍物对射流风机影响较小。在射流风机后方10m范围以外可以有效减少障碍物对射流风机能耗的影响。

2.2.3　长大沉管隧道有效利用自然风的节能减排技术探讨

1) 自然通风的原理

自然风压的基本动力是"风压"和"热压"。隧道内的空气之所以能在隧道中运动形成风流,是由于风流的起始点间存在着能量差。这种能量是由隧道自然条件产生,称为自然通风。自然风压的影响因素主要由三部分组成:

(1) 隧道洞口间的大气水平压梯度所产生的静压差;

(2) 隧道内外气温差引起的热位差;

(3) 外界自然风吹至洞口产生的风墙式压差。

隧道外吹向隧道洞口的自然风,碰到山坡后,其动压的一部分转变成静压力。此部分动压头即为山体迎风面的正压区的风压,其计算方法为:

$$\Delta p = \delta \frac{\rho v^2}{2} \tag{2-1}$$

式中:v——隧道外大气自然风速(m/s);

ρ——隧道外空气密度(kg/m^3);

δ——风压系数,由风向、山坡倾斜度与表面形状、附近地形及洞口形状、尺寸而定。

2) 隧道捕风装置的系统研究

(1) 捕风装置的介绍

自动捕风装置正是基于上述自然风原理进行设计,该装置示意图如图2-27所示。

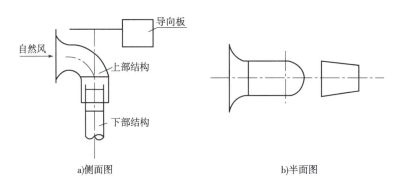

图2-27 自动捕风增压装置示意图

图2-27中下部的固定钢管与隧道相连,上部的装置是活动的。不管来流风的风向如何,自动捕风增压装置总是能利用来流风在其导风板上产生的力矩,使装置送风口能快速的朝向来流风的迎风面,此处由于装置自身遮挡形成正压区,利用建筑与该正压之间的压力差,将新鲜空气引进至隧道内。

(2) 物理模型及边界条件

① 几何模型

本书以捕风装置为研究对象,在周围建立足够大的立方体计算区域,以模拟大气的环境。分别模拟在不同的外界风速下,不同的自动捕风装置几何尺寸对捕风效果的分析。其捕风装置及周围的计算空间如图2-28所示。

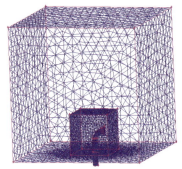

图2-28 计算模型图

② 数学模型

计算中不考虑隧道洞内及洞外的温度差,且在通风过程假定不存在质交换,建立了关于在风压作用下的自动捕风排风装置外部的区域的空气流动方程。由计算流体力学和流体力学的理论,得到封闭的控制方程组。

$$\frac{\partial(\rho\varphi)}{\partial t} + \text{div}(\rho u\varphi) = \text{div}(\Gamma_\varphi \text{grad}\varphi) + S_\varphi \tag{2-2}$$

式中:φ——通用变量,表示u,v,w,k,ε等求解变量;

ρ——密度;

u——速度矢量;

Γ_φ——广义扩散系数;

S_φ——广义源项。

③边界条件

为了将问题简化,需要对计算模型进行假设,其边界条件及假设如下:

a. 将其模拟外界大气的立方体的来流断面设置为速度入口。

b. 立方体的其他断面设置为压力出口(pressure_outlet)。

c. 钢管的出口处设置为压力出口。

3)捕风装置的 CFD 模拟

(1)不同的比值 $\varepsilon(D/H)$ 的影响

捕风口的形状主要有无渐扩口、内圆弧形、圆锥形等几种形式。通过对其平均风压系数值的研究得到:圆锥形的效果最佳,内圆弧形其次,无渐扩口的效果最差。不同的捕风口断面的平均风压系数值如表 2-8 所示。

不同的捕风口断面的平均风压系数值　　表 2-8

捕风口形状	K	捕风口形状	K
无渐扩口	-0.7	圆锥形	-1.04
内圆弧形	-1.01		

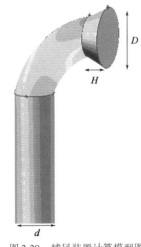

图 2-29　捕风装置计算模型图

根据以上的结果,并综合考虑捕风装置的捕风性能及经济效益,认为圆锥形的渐扩口的综合效果最佳。圆锥形的三维模型如图 2-29 所示。

在不考虑隧道内和外界的温度场及洞内风速的情况下,分别对不同的 ε 值进行数值模拟,通过计算得到不同的外界风速下流进隧道内的净流量值,如表 2-9 所示。

由图 2-30 知,随着洞外自然风的增加,流进洞内的新风量基本上是呈线性增加。随着 ε 的增大,流进隧道内新风量增加不明显。渐扩口高度的增加,对提高捕风口捕风量的贡献有限。综合考虑认为 $\varepsilon=3$ 为圆锥形渐扩口的最佳设计尺寸。渐扩口的高度为 $0.2m(\varepsilon=3)$ 的水平速度和标量图见图 2-31。

不同外界风速下流经隧道内的流量表(单位:m^3/mm)　　表 2-9

洞外风速(m/s)	1	2	3	4	5	6
$\varepsilon=12$	4.6	9.3	13.9	18.5	23.3	28.0
$\varepsilon=6$	4.7	9.5	14.2	18.8	23.7	28.5
$\varepsilon=3$	4.8	9.8	14.7	19.7	24.6	29.4
$\varepsilon=1.5$	5.0	9.9	15.0	20.1	25.1	30.1

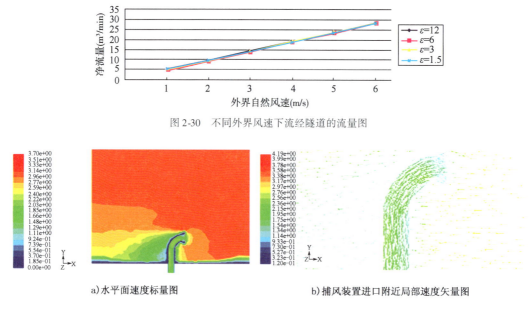

图 2-30 不同外界风速下流经隧道的流量图

a) 水平面速度标量图　　　　b) 捕风装置进口附近局部速度矢量图

图 2-31 渐扩口的高度为 $0.2m$ ($\varepsilon=3$) 的水平速度和标量图

由图 2-32 可知,随着渐扩口的高度增加,捕风装置的背风侧附近的大气静压有一定范围的减小。这也解释了渐扩口的高度为 0.2m 时流进隧道内的流量比渐扩口的高度为 0.05m 时的流量稍微大一些的。

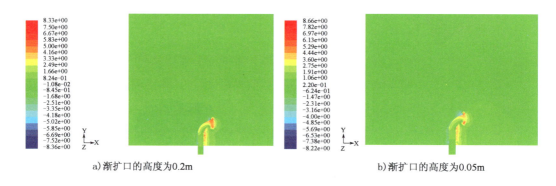

a) 渐扩口的高度为 0.2m　　　　b) 渐扩口的高度为 0.05m

图 2-32 捕风装置附近大气静压图

(2) 不同的管道直径的影响

正常运营工况下,由于隧道内所需的风量较大,小尺寸的捕风装置对隧道内的风量贡献较少,不能满足通风需求。因此需要研究能适合隧道使用的自动捕风装置,以达到隧道自然通风的目的。

当 $\varepsilon=3$,钢管直径 d 为 0.4m、0.8m、1.2m、1.6m、2.0m 时,通过模拟得到在外界的自然风速为 1m/s、2m/s、3m/s、4m/s、5m/s 及 6m/s 六种工况下管道内的风速大小,如图 2-33 所示。

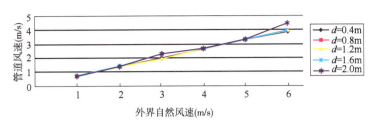

图 2-33　外界自然风条件下不同管径风速变化曲线

由以上分析可知，随着新风引入管道直径的增大，流进管道内的风速变化不大，新风引入量随着管道面积增加也在等比例增加。

4）固定捕风装置效率研究

捕风装置新风引入管道面积对新风引入影响很大。另外，捕风装置的机械性能：启动风速和反应时间也对新风引入有影响。下面研究固定捕风装置在固定位置，不同风向对捕风装置效率的影响。

下面对自然风风速为 1m/s、3m/s、5m/s、7m/s、9m/s，风向与装置迎风面呈 0°、30°、45°、60° 及 90° 工况下捕风效率进行研究。

通过计算，捕风装置在不同外界自然风速和不同风向下，流进管内的风速如表 2-10 和图 2-34 所示。

不同的自然风速及风向下流进钢管的风速表（单位：m/s）　　　表 2-10

角　度	1	3	5	7	9
0°	0.01	0.03	0.06	0.07	0.1
30°	0.1	0.329	0.54	0.79	1
45°	0.647	1.97	3.3	4.63	5.97
60°	0.76	2.31	3.88	5.45	7
90°	0.747	2.27	3.8	5.34	6.89

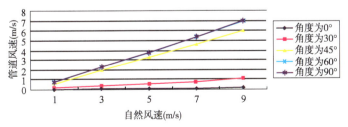

图 2-34　不同的自然风速及风向下流进钢管的风速图

由图 2-33 知，在外界自然风风向与捕风装置的角度在 0°~45° 之间时，流进管内的流量较小，而在 45°~90° 之间时，则流进管内的流量较大，捕风装置，效率较高。捕风装置在不同风向条件下的效率区间，如图 2-35 所示。

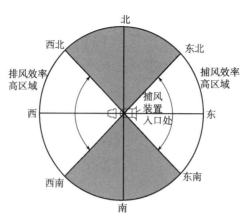

图 2-35　不同的自然风风向下捕风效率示意图

5）自动捕风装置在隧道内应用分析

图 2-36 给出了自动捕风排风装置在隧道中使用的设计示意图。

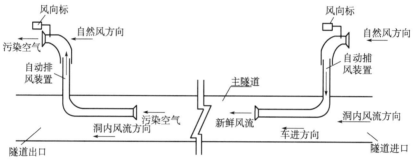

图 2-36　自动捕风排风装置在隧道中应用的示意图

在隧道进口端安装自动捕风装置，由于来流风在风向标的挡板上产生力矩，使得装置能快速地朝向迎风面。风向标的尺寸大小应根据大气自然风的大小及装置的机械性能综合考虑，以保证装置能快速的朝向迎风面。在管道的末端，由于装置始终朝向洞内风流的背风面，使得管道入口和末端产生较大的压力差，从而使得新鲜风流进入隧道内。在隧道的出口端安装自动排风装置，由于管道的入口始终朝向洞内风流的方向，而管道的末端在风向标的作用下，使得装置能快速地朝向来流的背风面。从而在管道的入口和末端产生较大的压力差，使得污染空气通过管道流出洞外，因此在隧道内使用该装置从技术上是可行的。

6）捕风装置在隧道内应用的介绍

以港珠澳大桥沉管隧道为例，根据气候气象资料，珠海气象站和澳门气象站年平均风速分别为 3.1m/s 和 3.6m/s，香港横澜岛测风站因位于珠江口外的海岛上，其年平均风速达到 6.6m/s。其装置的尺寸如图 2-37 所示。

（1）自动捕风装置与轴流风机配合分析

隧道主洞通风系统采用纵向全射流通风加洞口分流型排风的通风方案。同时在风机房内设置轴流风机用以排风,故可将多台自动捕风装置安装在隧道的入口端,利用管道连接后通过一个直径较大的钢管将自然风引入隧道内,其装置与轴流风机配合示意图如图 2-38 所示。利用自动捕风装置的进风以及排风轴流风机,在整个隧道行车纵向风速,达到通风换气的效果。

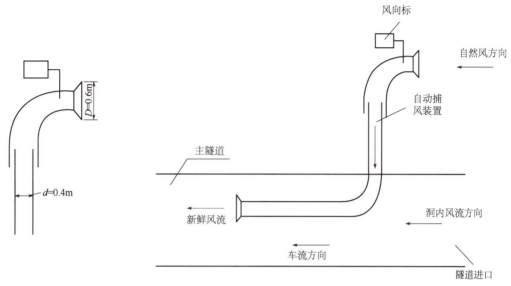

图 2-37 自动捕风装置的尺寸图　　图 2-38 自动捕风装置在隧道内使用的示意图

(2) 自动捕风装置与射流风机配合分析

隧道内的射流风机组用来增压,以该沉管隧道的射流风机组为研究对象,通过数值模拟得到射流风机入口的纵向影响范围为10m,其风机组的风速标量图如图 2-39 所示。

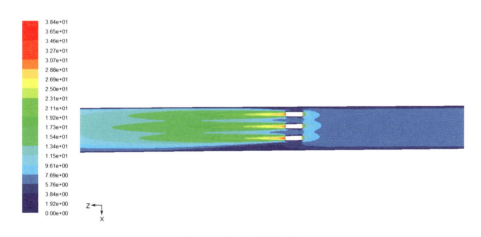

图 2-39 水平面速度标量图

故可将捕风装置的出口安装在距离射流风机组的进口 10m 以内的位置,利用该处的负压,进而将洞外的新鲜风量引入至隧道内,其自动捕风装置与射流风机的配合示意图如图 2-40 所示。

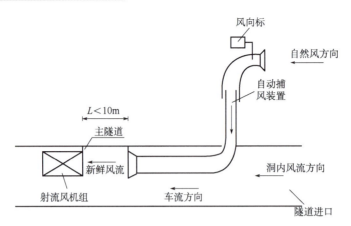

图 2-40　自动捕风装置与射流风机的配合示意图

7）洞口的形状对洞内自然风的影响

隧道洞口形状以及洞口所处位置不同，外界自然风在超静压差的作用，会导致自然风对隧道内影响有所差异。为了研究这种差异，利用 CFD 软件，建立三维数值模型对其进行研究。

（1）物理模型及边界条件

①几何模型

以港珠澳大桥沉管隧道为研究对象，利用 CFD 软件进行数值模拟计算。在洞口处建立长方体计算区域（长 200m、宽 500m、高 100m）模拟大气环境，隧道模型按照 1∶1 进行建模，总长度约为 6 000m，坡度为 ±2.98%。在不考虑洞内机械通风作用，分别模拟不同外界风速，不同风向条件下，流进洞内风速的大小。计算模型如图 2-41 所示。

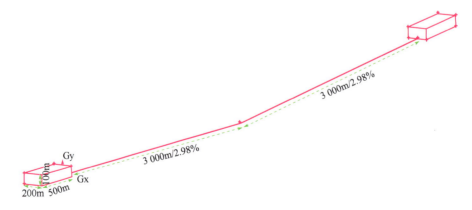

图 2-41　计算模型图

②数学模型

计算中不考虑隧道洞内及洞外的温度差，且在通风过程假定不存在质交换，建立了关于在风压作用下的自动捕风排风装置外部的区域的空气流动方程。由计算流体力学和流体力学的理论，得到封闭的控制方程组。

$$\frac{\partial(\rho\varphi)}{\partial t} + \mathrm{div}(\rho u\varphi) = \mathrm{div}(\Gamma_\varphi \mathrm{grad}\varphi) + S_\varphi \tag{2-3}$$

式中：φ——通用变量，表示 u,v,w,k,ε 等求解变量；

ρ——密度；

u——速度矢量；

Γ_φ——广义扩散系数；

S_φ——广义源项。

③边界条件

为了分析问题的简化，需要对计算模型进行假设，其边界条件及假设如下：

a. 将其模拟外界大气的立方体的来流断面设置为速度入口，按不同的工况设置风速的大小，以模拟隧道外的风环境。

b. 立方体的其他断面设置为压力出口(pressure_outlet)。压力的大小为大气压。

c. 隧道出口处的立方体均设为压力出口(pressure_outlet)。压力的大小为大气压。

(2) 数值计算分析

分别计算洞外的风速在 1m/s、3m/s、5m/s、7m/s、9m/s 这几种工况下，流进洞内的风速大小，通过数值计算可以直接得到各工况下隧道内自然风量(速)(图2-42)，再由通风阻力公式 $\Delta P_\mathrm{m} = \left(\lambda\dfrac{L}{D} + \xi + 1\right)\dfrac{\rho v^2}{2}$ 得到对应工况下的自然风压 ΔP。

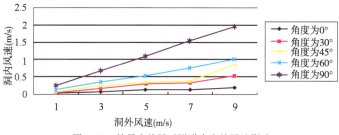

图 2-42 外界自然风对隧道内自然风速影响

风压系数 C_f 表示风压与按建筑物高度上的风速计算所得的动压之比，即 $C_\mathrm{f} = \dfrac{\Delta P}{\rho v^2/2}$，各工况下的风压系数如图 2-43 所示。可以看出在风速 1~9m/s 的情况下，当风向与隧道走向平行时，隧道迎风面洞口的风压系数接近 0.4；当风向与隧道横断面角度为 60°以下时，其风压系数均小于 0.1；当风向与隧道走向垂直时，隧道洞口风压系数几乎为零。由上知，自然风的方向对洞内的自然风影响非常的大。

8) 各方案的优缺点比较

分别对自动捕风装置、固定捕风装置和洞口形状三种方案进行比较分析，各方法的优缺点如表 2-11 所示。

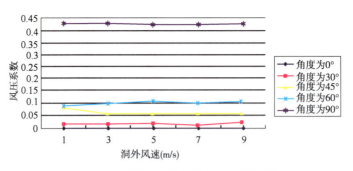

图 2-43 外界自然风与风压系数关系曲线图

不同补风装置优缺点分析　　　　　　　　　　表 2-11

方　案	优　点	缺　点	备　注
自动捕风装置	对风向的要求较低,可以利用任何方向的来流风	受装置尺寸的限制,机械发生故障的可能性较大,单台装置引入新风量较小	若达到理想的节能效果,需布置较多台的捕风装置,工程上使用难以布置多台,且管理较为困难
固定捕风装置	装置的迎风口面位置固定,尺寸可以做的较大,单台装置的节能效果很可观	对风向的要求较高,需要有固定的风向	达到理想的节能效果所需装置较少,若工程区的方向满足要求,可以使用该装置
洞口的形状	采用合适的断面结构,在一定程度上可以利用自然风	对风向要求非常高,主风向隧道走向平行影响最大	由于隧道景观的要求,故在工程中难以实现,该方案应用于山岭隧道较为合适,对于海底隧道,则应用性较差

9) 小结

港珠澳大桥沉管隧道地处深海,自然风资源丰富,且风向较为固定,具备将自然风引入隧道进行辅助通风的条件。本节对自然风引入隧道的原理、自动捕风装置的开发、不同装置的捕风效率、洞口不同形状下外界自然风对隧道通风的影响等进行了研究,并总结出了相应的规律。相关成果为自然风在工程应用中提供了参考。考虑到景观以及实施条件等因素制约,目前该方案近期未在项目中实施。

2.2.4　长大沉管隧道变频控制技术

轴流风机是通风系统的重要设备,具有单机功率大、耗电高等特点。由于轴流风机需兼顾隧道近、远期风量及压力要求,原设计中采用中压软启动器进行控制,只能实现风机的按台启动,且只能按照风机最大功率运行。为实现风机的节能运行,本节对轴流风机变频控制技术进行研究。

1) 变频调速的基本原理

由电动机的拖动原理,可知交流异步电机的转速表达式为:

$$n = \frac{60f_1}{p}(1-s) = \frac{60w_1}{2\pi p}(1-s) \tag{2-4}$$

式中：f_1——定子电源频率；

w_1——相应的角频率；

p——异步电机的磁极对数；

s——电动机的转差率。

$$s = \frac{n_s - n}{n_s} = \frac{w_1 - w}{w_1} \tag{2-5}$$

式中：n_s——异步电机的同步转速；

w——固有角频率。

$$n_s = \frac{60 f_1}{p} = \frac{60 w_1}{2\pi p} \tag{2-6}$$

由上式可以看出，如果改变输入到异步电机定子绕组的电源频率 f_1，就可以改变异步电动机的同步转速 n_s 和转子转速 n。由电机学知识可知，交流异步电动机的转速总是小于同步转速 n_s，而且它是随着同步转速的变化而变化的。当电源频率 f_1 增加时，同步转速 n_s 增加，交流异步电机的实际转速 n 也增加。反之，当电源频率 f_1 降低，同步转速 n_s 降低，交流异步电机的实际转速 n 也降低。这种通过改变电源频率来改变交流电动机转速的调速方式称为变频调速。在变频调速技术中，使用变频器向电动机提供频率可变的电源，去改变电动机的转速。

2）轴流通风机变频调速的节能原理

轴流通风机的管网阻力与风量的关系为：

$$\Delta P = RQ^2 \tag{2-7}$$

式中：ΔP——通风机的管网阻力损失（Pa）；

R——管网的总阻力系数，对于一定的管网为 R 定值；

Q——通风机管网的风量（m³/s）。

图 2-44 为一通风机的压力-流量（H-Q）特性曲线图，其中 a、b 为管网阻力的特性曲线（$R_a < R_b$），曲线 1、2 为风机在转速为 n_1 和 n_2 时压力-流量特性曲线（$n_1 > n_2$），交点 A、B、C 为某风机的工况点。

图 2-44 中曲线 1 为风机开始调节前的风压-风量（H-Q）特性曲线，曲线 a 为管网风阻特性曲线（管网阻力最小）。假设风机设计工作在 A 点效率最高，输出风量 Q_1 为 100 m³/s，对应的轴功率 N_1 与风量 Q_1 和风压的乘积面积 AH_1OQ_1 成正比，如果生产要求风量从 Q_1 减少到 Q_2 时，若采用减小局部通风机橡胶管道截面积的方法调节，相当于增加管网阻力，使管网阻力特性曲线变化到 b，系统工况点也由 A 点变到 B 点。从图中可以看出，风量虽然减小了，但是风压反而增加了，代

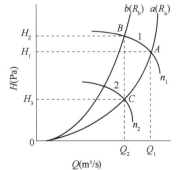

图 2-44 风机及管网 H-Q 的特性曲线图

表轴功率的面积 BH_2OQ_2 比调节前减少不多。若采用变频调速控制局部通风机的运行,随着风机转速的下降,风压-风量特性变为曲线2,系统工况也由 A 点变到 C 点,代表轴功率的面积 CH_3OP_2 比采用前一种方法调节显著减少,两者之差即是节省的气体功率。

3) 轴流风机控制方案研究

(1) 需风量划分

由交通数据采集系统得到实时的交通量并通过通风计算模块得到该段时刻的隧道的需风量 Q,将 Q 划分为几种工况,其各工况如表2-12所示,本节考虑采用三台相同型号的轴流风机并联,并设定单台轴流风机的额定出口风量为 Q_E。

需风量划分　　　　　　　　　表2-12

工况	实际需风量	风机实际出口风量		
		风机1	风机2	风机3
工况1	$0<Q<Q_E$	Q	关闭	关闭
工况2	$Q_E<Q<2Q_E$	$Q/2$	$Q/2$	关闭
工况3	$2Q_E<Q<3Q_E$	$Q/3$	$Q/3$	$Q/3$

应对以上三种工况分别进行研究,并对开一台轴流风机、两台风机并联、三台风机并联进行研究。

(2) 风机特性曲线拟合

在实际风机特性曲线上取点,取点原则是所取的点应包括风机特性曲线的关键点,即风量的最大值和最小值所对应的点,风压的最大值和最小值所对应的点及风机合理工作范围所对应的点。

曲线拟合采用5次多项式进行曲线拟合,其曲线的拟合的原理采用最小二乘法,设函数 $f(x)$ 的逼近函数为 $S(x)$,在 $f(x)$ 上取 m 个点进行逼近拟合,使其误差平方和最小,即:

$$\sum_{i=1}^{m} p(x_i)\left[f(x_i)-S(x_i)\right]^2 = \min \qquad (2-8)$$

(3) 变频调速控制

由前面的分析知,对于轴流风机在一定转数运行时,其风机性能曲线是由无数组流量和对应压力值 (Q_1,H_1)、(Q_2,H_2)……组成。风机能在性能曲线上哪一点工作,须取决于所连接的管路特性,即整个隧道的阻力特性,当风机提供的压头与整个隧道所需的压头平衡时,这就是风机的"自动平衡性"。图2-45给出了单台风机的工作原理。风机特性曲线与管网特性曲线的交点即为风机在此时的运行工况点。当改变管网特性曲线时,风机的运行工况点也随之改变,达到自动平衡。根据图2-45,当增大管网阻力时,风机运行工况点为1→2,此时压力增加,流量减小;当减小管网阻力时,风机运行工况点为2→3,此时压力减小,流量增加。

因此对于单台风机运行,当出口风量由 Q_1 减小到 Q_2 时,需要使用变频调速将风机的转速

n_2 调节到需要的转速 n_1,用通用性能曲线(在表示可变转速风机运行曲线时,需要绘出不同转速时的性能曲线,并将等效率曲线也绘在同一张图上,这种曲线称为通用性能曲线)表示。本节根据曲线拟合的原理,通过 matlab 软件进行曲线拟合,并由风机的相似定律,得到不同转速下的性能曲线,如图 2-46 所示。

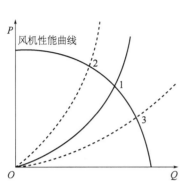

图 2-45　单台轴流风机运行工况分析

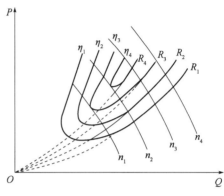

图 2-46　通用性能模型

图 2-46 就是轴流通风机变转速通用特性曲线,n_1、n_2、n_3、n_4 为等效率曲线,虚线 R_1、R_2、R_3、R_4 为变管网阻力曲线。从图 2-46 中我们可以看到,在特定的管网阻力曲线条件下,不同的转速就对应了不同的运行工况点。以管网阻力曲线 R_2 为例,风机转速 n_1、n_2、n_3、n_4 分别对应工况点 E、C、F、M。因此通过变频调速器,改变风机的转速可以使风机的出口风量从 Q_1 减小到 Q_2,从而达到风机节能的效果。对于多台的轴流风机并联也可采用相同的方法研究。

相对于传统轴流风机靠台数进行风量跳跃式调节的方案,变频控制可以根据实际需风量以及风机的性能曲线进行无级调节,达到节能减排的目的。

2.3　港珠澳大桥沉管隧道智能化通风控制系统开发

1)沉管隧道智能通风系统开发背景

长大隧道通风控制国外目前主要采用自动控制为主体,手动控制为辅助手段的方式。控制均以最小的电力消耗来维持隧道内良好的视觉环境,控制空气污染状态在规定的允许范围之内,以及能及时有效地处理火灾等紧急事态为目的。目前国际上在隧道通风自动控制中采用的主要方法已由反馈(Feed Back)控制法(也称 FB 控制法)向前馈(Feed Forward)控制法(也称 FF 控制法)发展。

我国目前已建成通车的长大公路隧道主要采用以固定程序控制和反馈控制为主的通风控制方法,尚未进行适应长大隧道和复杂交通情况下智能通风控制方法的研究。开发研究适应我国国情的特长隧道智能化通风控制技术,不仅能提高通风设备的有效利用率,更能节省电力消耗,增加行车安全舒适度,具有广阔的应用前景和巨大的技术经济效益。

2)系统目标

针对港珠澳大桥沉管隧道的特点,利用多目标智能化控制方法与风机变频技术,研究在隧道风机最优运行效率与交通运营安全条件下的车辆平均行驶速度、交通运营安全、废弃物排放量三者之间的最佳匹配曲线,形成"主动式"的隧道风机控制方式与节能方法,建立高效运转、低值能耗、低量废弃物排放的港珠澳大桥海底沉管隧道通风系统,对于隧道的运营节能具有重要的现实意义。

3)智能化通风系统模型构建需求分析

开发的隧道通风程序系统软件可以实现以下功能:

(1)程序的设计采用可视化编程,能够直观反映风机开启状态,风机相关数据、隧道内污染物浓度、风速、风压等数据。

(2)智能化通风模型能进行交互式操作,人机界面友好。

(3)智能化通风模型能够根据车辆检测仪器和车辆类型等相关数据,进行通风的自动化计算,并给出风机开启方案。

(4)对于轴流风机的控制,根据电机的变频调速技术的原理,对轴流风机进行变频调速节能。

(5)对于射流风机的控制,确定实时的洞内所需射流风机的台数,从而控制射流风机的开启和关闭的台数。同时保证洞内各组射流风机的运行总时间基本相同,保证射流风机在总个隧道中的开启台数基本上保持均匀布置。

4)交通量数据采集及传输系统

隧道通风采用5~10min交通流量和车辆类型组成统计数据作为通风前馈条件。以交通数据统计处理传输、通风方案调整决策、风机启动至预定工作状态所用时间总计为2min,行车速度为100km/h,则需在隧道前方11~20km的位置处设置车辆检测设备,实现通风控制方案与交通流特性的较好匹配,使通风系统运行合理。

目前常用的车辆检测设备主要由视频车辆检测器、微波车辆检测器和线圈车辆检测器。常用车辆检测器优缺点对比见表2-13,常用车辆检测器车型分类见表2-14。

常用车辆检测器优缺点对比表 表2-13

序号	设备类型	优点	缺点
1	线圈车辆检测器	检测精度高,受气候等外部因素影响小	需埋设在路面下,施工和维护较为复杂,且不宜用于路面下有金属的道路
2	视频车辆检测器	检测精度较高,施工和维护简便,如道路监控摄像机安装位置合适,可直接将其图像作为检测视频源,以节省投资	检测结果受雨、雾等气象条件影响较大
3	微波车辆检测器	检测精度较高,施工和维护简便,受气候等外部因素影响小	不能应用于相对封闭环境(如隧道)

常用车辆检测器车型分类 表2-14

序号	设备类型	分类原理	可分种类数量	备 注
1	线圈车辆检测器	车辆长度	4~5类	
2	视频车辆检测器	车辆长度	4~5类	存在不同分类原理和更精确分类的可能
3	微波车辆检测器	车辆长度	3~4类	

根据港珠澳大桥的环境情况,结合上述分析,建议选用微波车辆检测器或视频车辆检测器。

采用视频车辆检测器,前端摄像机图像通过光缆和光传输设备传输至管理中心,接入视频检测处理器,由视频检测处理器分析得出交通量和车辆分型统计数据,在一个统计周期结束后,将数据上传计算机系统;采用微波车辆检测器,可由设置在现场的检测设备直接提供交通量和车辆分型统计数据,通过光缆和光传输设备上传管理中心计算机系统。

车辆检测数据由计算机系统发送至通风管理设备,由通风管理设备自动匹配预定的控制方案,下发至执行设备,启动风机。

目前,根据港珠澳大桥主体工程交通工程的设计情况,主线收费站设置在珠澳口岸人工岛,距离隧道珠海端洞口约22km,如通风方案采用10min交通量统计数据,可结合设计情况,直接采用收费站对交通流量和车型分类数据作为通风方案选择的依据;若统计周期低于10min,则需单独设置车辆检测设备。珠海侧车辆检测器可安装区域示意见图2-47。

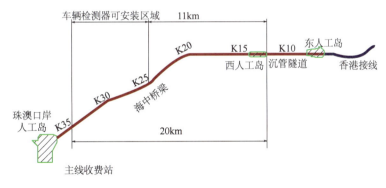

图2-47 珠海侧车辆检测器可安装区域示意图

由于隧道香港端洞口距离粤港分界线只有500m左右,无法合理设置车辆检测设备,建议通过与香港接线管理单位协调,从香港接线取得交通统计数据。由于香港接线长度仅为12km,考虑数据传输、处理及风机启动时间(2min),则只能为通风方案提供周期为5min左右的统计数据,若通风系统需要周期超过5min的交通统计数据,则需采用预测算法或经验值,补足超过时间段的交通数据,被补时间段的实际交通数据也不再作为通风方案调整的依据。

5)主要计算原理

在通风计算时,对空气的性质作以下基本假定:

(1)流体是不可压缩的

当作用在流体上的压力发生变化时,随着压力的增加,流体的体积将减小,重度将增大,流体的这种特性称为压缩性。但在隧道通风计算中,由于通风压力一般都在常规范围内,其温度和压力变化也不大,流体体积的变化不足以影响计算结果的精度,隧道内的气体通常均假定为不可压缩体。

(2)流体的流动为稳定流

流体在流动的过程中,任一点的压力和流速不随时间而变化,即压力和流速只是流动点坐标的函数。

(3)流体视为连续介质,服从连续性定律

流体的连续性是指气流在流程各断面上通过的流体质量不变,即质量守恒隧道内。隧道内的气体是密度为常量的稳定流,即各断面上的流量不变。

(4)流体的流动遵守能量守恒定律

隧道内的气体在隧道内作渐变流动时,其压力与速度沿流程各断面的变化(包括摩擦阻力损失),服从能量守恒定律,即不可压缩流体的伯努利方程。

①隧道需风量计算

考虑到工程实际情况,采用国内规范则设计较为保守,结合工程实际,采用 PIARC 技术规范进行通风计算。

a. 单台小客车污染物排放量

$$V = q_{ex}(v,i)f_h \times f_a + q_{ne}(v) \tag{2-9}$$

式中:V——CO、NO_x [g/(h·veh)]和柴油颗粒[m^2/(h·veh)]的排放量;

$q_{ex}(v,i)$——随平均车速和道路坡度而变化的基本排放因子;

$q_{ne}(v)$——非排放颗粒物的排放因子;

f_h——海拔修正系数;

f_a——车辆老化系数。

表 2-15 给出了排放及影响因子的表号,在 PIARC 技术规范中可以查到具体的数据。

小 客 车 参 数 表* 表 2-15

发动机种类	排放标准	q_{ex}			q_{ne}	f_h	f_a
		CO [g/(h·veh)]	NO_x [g/(h·veh)]	柴油颗粒 [m^2/(h·veh)]	非排放颗粒 [m^2/(h·veh)]	海拔修正	年限修正 CO/NO_x
汽油发动机	EUR03	A-1	A-5		A-11	A-12	
	EUR04	A-2	A-6		A-11	A-12	
柴油发动机	EUR03	A-3	A-7	A-9	A-11	A-12	A-13/A-14
	EUR04	A-4	A-8	A-10	A-11	A-12	

注:*相关参数参见 *Road Tunnels: Vehicle Emissions and Air Demand for Ventilation*(2004)。

b. 单台柴油发动机重车和大客车污染物排放量

$$V = q_{ex}(v,i)f_m \times f_h + q_{ne}(v) \tag{2-10}$$

式中：V——CO、NO_x[g/(h·veh)]和柴油颗粒[m²/(h·veh)]的排放量；

$q_{ex}(v,i)$——基本排放因子，与车辆平均车速纵坡和10t重车及前欧洲标准（1988年以前）有关[m²/(h·veh)]；

$q_{ne}(v)$——非排放颗粒物的排放因子；

f_m——质量修正系数；

f_h——海拔修正系数。

表2-16给出了柴油动力重车和大客车的排放及影响因子的表号，在PIARC技术规范中可以查到具体的数据。

重车参数位置表　　　　　　　　　　　　　　　　　　　　　　　　表2-16

排放标准	柴油动力重车和大客车							
	CO [g/(h·veh)]	NO_x [g/(h·veh)]	柴油颗粒 [m²/(h·veh)]	非排放颗粒 [m²/(h·veh)]	f_m			f_h
					CO	NO_x	颗粒	
欧Ⅲ	A-15	A-17	A-19	A-21	A-22	A-23	A-24	A-25
欧Ⅳ	A-16	A-18	A-20	A-21	A-22	A-23	A-24	A-25

c. 新鲜空气需风量

$$Q = n_{veh} \times V \times \frac{1}{C_{adm} - C_{amb}} \tag{2-11}$$

$$n_{veh} = \frac{M \cdot L}{v} \quad (v > 0 \text{km/h})$$

式中：Q——新鲜空气需要量(m³/s)；

n_{veh}——隧道内的车辆数；

C_{adm}——容许浓度；辆的运行状态：正常工况下，CO:70cm³/m³，VI:0.005m⁻¹，NO_2:1cm³/m³；阻滞工况下，CO:100cm³/m³，VI:0.007 m⁻¹，NO_2:1cm³/m³；

C_{amb}——环境浓度；考虑隧址区外界空气污染气体，浓度 CO:5cm³/m³，NO_2:0.05cm³/m³，VI:0.00025m⁻¹；

M——小时交通量；

L——隧道长度(km)；

v——车辆的行车速度(km/h)。

d. 最终需风量确定

在确定最终隧道需风量时，分别根据上述的各种工况进行需风量计算，然后取Q_{CO}、Q_{NO_x}和Q_{VI}中最大值作为设计通风量Q：

$$Q = \max(Q_{CO}, Q_{NO_x}, Q_{VI}) \tag{2-12}$$

②隧道内压力计算

自然通风力、交通通风力、通风阻抗力、摩擦阻力以及隧道内全压计算参照《公路隧道通风设计细则》(JTG/T D70/2-02—2014)相关计算公式进行计算。

6)程序的设计和实现

(1)程序主要功能

①程序的设计采用可视化编程,在模拟阶段能进行交互式操作,使得操作更加简单明了。运营阶段通风模型软件可以接入车辆检测仪器和车辆类型的数据,能直接计算出实时风量和轴流风机的功率及射流风机的台数及功率。

②通过计算隧道实时所需的轴流风机功率和射流风机的台数及功率,控制风机自动运行。

③根据电机的变频调速技术的原理,对轴流风机进行变频调速控制。

④根据洞内所需工作射流风机台数,来控制射流风机开启和关闭,并保证洞内各组射流风机的运行总时间基本相同、隧道中开启的射流风机台数基本上保持均匀分布。

(2)程序总体架构

隧道智能通风系统主要包括输入模块、核心计算模块、输出控制模块。

输入模块用于完成参数的输入,即在模拟系统中需要输入系统的基本参数,包括隧道基本数据、车辆基本数据、风机基本数据、工程基本数据等静态数据。在实际应用中,这些参数在隧道和风机等确定的情况下,其参数即为常量,在系统启动时读入。

在系统的运行过程,通过传感器随时检测隧道内的数据,包括车流量数据、污染物数据等动态数据。这些数据随着隧道内环境的变化而变化,依赖于各种传感器的检测结果。其和输入的参数一起用于进行核心计算。

核心计算模块按照"主要计算原理"进行计算通风量,并输出相应的结果。

输出控制模块根据核心模块计算的结果,来控制风机的开启和闭合。风机的开启和闭合同样为动态根据核心模块的计算结果来动态调整风机的数量。在模拟系统中,通过动画来展示风机数量以及风机的开启和闭合状态。

程序的架构如图2-48所示。

(3)程序实现

①程序开发环境

隧道智能通风系统以 Visual Studio 2012 为开发平台,采用 C#编程语言,使用 WPF(Windows Presentation Foundation)开发框架。隧道智能通风系统采用了可视化编程思想,能进行人机交互式操作,使得程序使用更具有人性化,操作更加的简便明了。

②系统运行环境

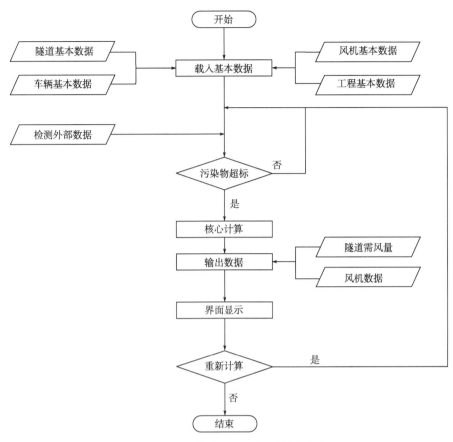

图 2-48 隧道智能通风系统程序技术路线

隧道智能通风系统需要.NET Framework 3.5 及以上版本软件支持,没有此组件系统不能运行。.NET Framework 3.5 是 Microsoft Windows®操作系统的一个组件,用于编译、运行基于 Windows 的应用程序。

③隧道智能通风系统运行 Windows 7 和 Windows 8 平台下。程序主要函数说明如下:

a. 主要类构成及功能

隧道智能通风系统主要由以下五类实现。各类的主要功能、参数及域值如表 2-17 所示。

主要类功能、参数及域值　　　　　　　　表 2-17

序号	名　称	主要功能	备　注
1	Core	用来核心数据计算	
2	LookupTable	用来完成基本数据计算	
3	Parameter		
4	Parameters		
5	Utility		

b. 主要类的函数构成

隧道智能通风系统中 Core 和 LookupTable 为两个最为重要的类。

LookupTable 类是用来完成基本数据计算的,成员函数如表 2-18 所示。

LookupTable 类的成员函数表　　　　表 2-18

函数	说　　明	主要参数及域值范围
A_m	汽车等效阻抗面积(m^2)	详见《公路隧道通风设计细则》(JTG/T D70/2-02—2014)
v_1	Ⅰ段平均风速(m/s)	$v_1 = Q_{r1}/A_r$
n_{+1}	Ⅰ段车量	$n_{+1} = N_+ \times \dfrac{L_1}{v_{t_+} \times 1\,000}$
n_{+2}	Ⅱ段车量	$n_{+2} = N_+ \times \dfrac{L_2}{v_{t_+} \times 1\,000}$
Q_{r1}	Ⅰ段设计需风量(m/s)	$Q_{r1} = Q - Q_{r2}$
Q_{r2}	Ⅱ段设计需风量(m/s)	$Q_{r2} = v_2 \times A_r$
ΔP_{t1}	Ⅰ段交通通风力	$\Delta P_{t1} = \left(\dfrac{A_m}{A_r}\right) \times 0.6 \times n_{+1} \times \left(\dfrac{v_{t_+}}{3.6} - v_1\right)^2$
ΔP_{t2}	Ⅱ段交通通风力	$\Delta P_{t2} = \left(\dfrac{A_m}{A_r}\right) \times 0.6 \times n_{+2} \times \left(\dfrac{v_{t_+}}{3.6} - v_2\right)^2$
ΔP_d	风道压力损失	$\Delta P_d = -\dfrac{\rho}{2} \times \left(\dfrac{Q_{r1}}{A_e}\right)^2 \times \left(\delta_{ac} + \delta_{aa} + 0.025 \times \dfrac{L_a}{D_a}\right) - \dfrac{\rho}{2} \times \left(\delta_b + \delta_d + 0.025 \times \dfrac{L_b}{D_b}\right) \times \left(\dfrac{Q_{r1}}{A_t}\right)^2$
p_{tot1}	Ⅰ段末端全压力	$p_{tot1} = -\dfrac{\rho}{2} \times v_n^2 \times \left(0.6 + 0.022 \times \dfrac{L_1}{D_r}\right) + \Delta P_{t1} - \left(0.6 + 0.022 \times \dfrac{L_1}{D_r}\right) \times 0.6 \times v_1^2$
p_{tot3}	竖井底部的全压力	$p_{tot3} = p_{tot1} - 0.29 \times 0.6 \times v_1^2$
p_{tot}	排风机的风压	$p_{tot} = 1.1 \times (p_{tot3} + \Delta P_d + \Delta P + P_x)$
S_{kw}	轴流风机的轴功率(kW)	$S_{kw} = \left[\dfrac{-Q_{r1} \times P_{tot}}{1\,000} \times \left(\dfrac{273 + t_0}{273 + t_1}\right) \times \dfrac{P_1}{P_0}\right]/0.8$
ΔP_{m1}	Ⅰ段自然风阻力	详见《公路隧道通风设计细则》(JTG/T D70/2-02—2014)
ΔP_{r1}	Ⅰ段风阻抗力	详见《公路隧道通风设计细则》(JTG/T D70/2-02—2014)
ΔP_j	Ⅰ段单台射流风机的升压力	详见《公路隧道通风设计细则》(JTG/T D70/2-02—2014)
N_{sl1}	Ⅰ段所需射流风机的台数	$N_{sl1} = (\Delta P_{r1} + \Delta P_{m1} - \Delta P_{t1})/\Delta P_{j1}$
Q	单车需风量	$CO: Q = Q_{CO}$ $NO_2: Q = Q_{NO_2}$ $VI: Q = Q_{VI}$
Q_{CO}	单车 CO 需风量	详见《公路隧道通风设计细则》(JTG/T D70/2-02—2014)
Q_{NO_2}	单车 NO_2 需风量	详见 *Road Tunnels: Vehicle Emissions and Air Demand for Ventilation* (2004)
Q_{VI}	单车 VI 需风量	详见《公路隧道通风设计细则》(JTG/T D70/2-02—2014)
Q_{exCO}	CO 基本排放因子	详见 *Road Tunnels: Vehicle Emissions and Air Demand for Ventilation* (2004)
Q_{exNO_2}	NO_2 基本排放因子	详见 *Road Tunnels: Vehicle Emissions and Air Demand for Ventilation* (2004)

续上表

函数	说明	主要参数及域值范围
Q_{ne}	非排放颗粒物质污染因子	详见 Road Tunnels: Vehicle Emissions and Air Demand for Ventilation (2004)
f_{mVI}	重车质量因子	详见 Road Tunnels: Vehicle Emissions and Air Demand for Ventilation (2004)
C_{admCO}	CO 容许浓度(cm^3/m^3)	$C_{admCO} = \begin{cases} 70, v_{t+} \geq 30 \\ 100, 30 > v_{t+} > 0 \\ 200, else \end{cases}$
C_{admNO_2}	NO_2 容许浓度(cm^3/m^3)	$C_{admNO_2} = 1$
C_{admVI}	VI 容许浓度(m^{-1})	$C_{admVI} = \begin{cases} 0.005, v_{t+} \geq 30 \\ 0.007, 30 > v_{t+} > 0 \\ 0.012, else \end{cases}$

Core 类是用来完成核心数据计算的,成员函数如表 2-19 所示。

Core 类成员函数 表 2-19

函数	功能说明	主要参数及域值范围
Q_CO	隧道 CO 浓度计算	
Q_NO2	隧道 NO_2 浓度计算	
Q_VI	隧道 VI 浓度计算	
ComputeQ	隧道需风量计算	Max(Q_CO, Q_NO2, Q_VI)
ComputeZlfj	轴流风机计算	
ComputeSlfj	射流风机计算	

7) 系统的实现

(1) 系统界面

软件的首页如图 2-49 所示。

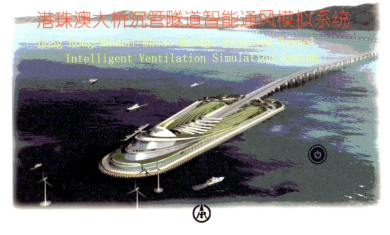

图 2-49　智能化通风模拟系统软件示意图

系统运行的主界面如图2-50所示。

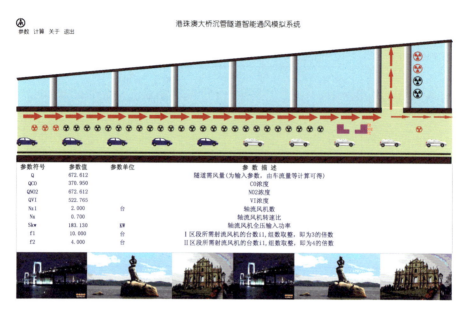

图2-50 系统的运行界面

界面需要显示的参数如表2-20所示。

界面显示参数　　　　　　　　　　　　　　　　表2-20

参　　数	说　　明	参　　数	说　　明
Q	隧道需风量	N_x	轴流风机转速比
Q_{CO}	隧道CO浓度	S_{kw}	轴流风机全压输入功率
Q_{NO_2}	隧道NO_2浓度	i_1	Ⅰ段射流风机台数
Q_{VI}	隧道VI浓度	i_2	Ⅱ段射流风机台数
N_{zl}	轴流风机数		

(2) 系统主要操作步骤

① 固定参数

固定参数：即程序运行后不能更改的参数，主要固定参数如表2-21所示。

固定参数表　　　　　　　　　　　　　　　　表2-21

参数	说　　明	参数	说　　明
L	隧道长度	L_{66}	区段6长度
L_{11}	区段1长度	L_{77}	区段7长度
L_{22}	区段2长度	L_{88}	区段8长度
L_{33}	区段3长度	L_{99}	区段9长度
L_{44}	区段4长度	L_{00}	区段10长度
L_{55}	区段5长度	podu11	区域1坡度

续上表

参数	说 明	参数	说 明
podu22	区域 2 坡度	A_{cl}	大型车正面投影面积
podu33	区域 3 坡度	ξ_{cs}	小型车空气阻力系数
podu44	区域 4 坡度	ξ_{cl}	大型车空气阻力系数
podu55	区域 5 坡度	v_2	Ⅱ段断面平均风速
podu66	区域 6 坡度	A_r	隧道净空断面积
podu77	区域 7 坡度	ρ	空气密度
podu88	区域 8 坡度	D_r	隧道断面当量直径
podu99	区域 9 坡度	ΔP	通风系统需要的压力
podu00	区域 10 坡度	δ_a	排风口至风机风道局部阻力系数
Camb_CO	环境 CO 浓度	δ_c	排风口入口损失系数
Camb_NO$_2$	环境 NO$_2$ 浓度	δ_d	风塔出口阻力系数
Camb_VI	环境 VI 浓度	D_a	排风口至风机风道当量直径
L_1	Ⅰ段长度	D_b	风机出口至风塔风道当量直径
L_2	Ⅱ段长度	A_e	排风口至风机风道面积
f_h	海拔高程系数	A_t	风机出口至风塔面积
f_a	车况系数	L_a	排风口至风机风道长度
Q_e	轴流风机设计风量	L_b	风机出口至风塔长度
A_{cs}	小型车正面投影面积	P_x	风机消音器阻力

②输入参数

输入参数:在程序运行时,需要通过手动输入的参数,如车流量等,由这些数据,才能计算出需风量、风机功率等结果,见表 2-22。

输 入 参 数 表　　　　　　表 2-22

参数	说 明	参数	说 明
v_n	风速	r_{d30}	30t 柴油重车比例
N_+	小时交通量	vtplus	车速
r_{cs}	汽油小客车比例	Cadm_CO_in	CO 浓度
r_{ds}	柴油小客车比例	Cadm_NO$_2$_in	NO$_2$ 浓度
r_{d10}	10t 柴油重车比例	Cadm_VI_in	VI 浓度
r_{d20}	20t 柴油重车比例		

③中间参数

中间参数:根据固定参数和输入参数计算输出结果过程中的中间参数,不需要在主界面上显示的参数,见表 2-23。

中 间 参 数 表　　　　　　　　　表 2-23

参数	说　　明	参数	说　　明
n_+	总车量	ΔP_{t2}	Ⅱ段交通通风力
n_{+1}	Ⅰ段总车量	ptot1	Ⅰ段末端全压力
n_{+2}	Ⅱ段总车量	ptot3	竖井底部的全压力
A_m	汽车等效阻抗面积	ΔP_d	风道压力损失
Q_{r1}	Ⅰ段设计需风量	ptot	排风机的风压
Q_{r2}	Ⅱ段设计需风量	ΔP_{m1}	Ⅰ段自然风阻力
v_1	Ⅰ段风速	ΔP_{r1}	Ⅰ段通风阻抗力
ΔP_{t1}	Ⅰ段交通通风力	ΔP_{j1}	Ⅰ段单台射流风机的升压力

(3) 计算

本软件可以提供两种不同的计算方式：

①自动计算，即给出交通量的一个函数，通过自动计算可以得到不同的交通量下的隧道所需的需风量和风机的功率；

②手动计算，即通过人工输入参数，小时交通量、混合车汽柴比、隧道内的容许环境浓度等，计算该种工况下隧道所需的需风量和风机的总功率，同时在主界面显示所需轴流风机的功率和所需射流风机的总台数。

沉管隧道智能化通风控制软件从理论上解决了隧道车流量、隧道内污染气体浓度以及风机三者开启之间的智能化控制关系，对实现运营过程中通风系统的智能化控制奠定了基础。

8）小结

基于港珠澳大桥沉管隧道正常运营通风需求，利用通风计算原理，以 Visual Studio2012 为开发平台，采用 C#开发语言，研制了港珠澳大桥沉管隧道智能通风系统。智能通风控制系统利用多目标智能化控制方法与风机变频技术，利用风机最优运行效率与交通运营安全条件下的车辆平均行驶速度、交通运营安全、废弃物排放量三者之间的匹配曲线，形成"主动式"的隧道风机控制方式与节能方法，建立高效运转、低值能耗、低量废弃物排放的沉管隧道通风系统。该系统可以接入系统平台，通过对相关参数的调整，优化控制方案，达到通风节能控制的目的。

第3章 长大沉管隧道照明节能减排关键技术

3.1 隧道照明系统设计

沉管隧道照明系统是隧道运营期的另一能耗大户,如何实现隧道照明系统节能运营意义重大。在设计过程中,针对照明灯具的选择、灯具布置方案以及节能控制进行了具体设计。

目前高速公路隧道照明通常采用的灯具为高压钠灯和LED灯两种。高压钠灯具有发光效率高、寿命长、穿透性强以及不诱虫等诸多优点。其次,高压钠灯的发展经历了几十年,光源及灯具技术相当成熟,在国内外大型工程中已广泛应用,特别是高压钠灯穿透性好的特点,当隧道内车辆排放的烟尘影响行车驾驶员的视觉时,高压钠灯可大大提高隧道亮度。

LED隧道灯具有长寿命、低光衰、高效节能、绿色环保、高显色性等优点。灯具发出的光接近自然光,使物体颜色更真实自然,在车辆进入隧道后,驾驶员可以很快适应光线颜色变化,确保行车的安全。另外,LED隧道灯可以瞬间启动,断电后重新接通电源光源可即刻点亮,降低等待照明系统恢复正常过程中对交通安全可能造成的隐患。

考虑本项目通车运营后隧道照明的经济性,并结合隧道所在地理位置特点及隧道内车辆组成比例,本隧道照明的光源采用高压钠灯和LED隧道灯相结合的设计方案。

入口段为应对海洋环境中雾气天气的影响,采用透光性更好的高压钠灯和LED灯结合方式,入口段加强照明灯具选用高压钠灯和LED灯混合布置,过渡段和出口段加强照明灯具选用LED灯,中间段基本照明灯具选用LED灯。

照明控制方式采用手动控制和自动控制两种方式相结合。监控操作员可以通过中控室的工作站实现对隧道照明的远程手动控制,还能在隧道现场区域控制器、变电所低压开关柜和照明配电柜上实现对灯具手动控制。自动控制采用脉宽调制(PWM)数字信号方式进行调光控制,使隧道内路面的照度总均匀度始终保持不变,调光系统可实现灯具定时控制、就地控制和遥控三种方式。

在隧道入口洞内外设置光强检测器,检测设备自动检测洞内外光亮度值,根据隧道两端露天地方的光度线性差分关系,由电力监控系统上传送入综合监控平台计算机,经计算机处理后产生控制方案,并将控制指令下传到电力监控系统,由电力监控系统控制照明驱动单元执行,分别控制相应的照明回路,以便节省在非必要时段开启加强照明所带来的能源浪费。

3.2 长大沉管隧道照明节能影响因素

根据长大沉管隧道的地理特点,长大沉管隧道照明节能影响因素主要包括隧道环境、灯具选择、设计方法及控制方法。

3.2.1 隧道环境

隧道环境包括洞外环境及洞内环境。洞外环境决定了隧道照明设计的基础参数——洞外亮度 $L_{20}(S)$ 的取值,洞内环境主要包括路面及墙壁材料。

1)洞外亮度 $L_{20}(S)$

长大沉管隧道内加强照明占了照明总能耗的 50% 以上,其中入口段亮度是根据洞外亮度 $L_{20}(S)$ 与入口段亮度折减系数的乘积取值,其亮度值的大小直接影响长大沉管隧道入口段加强照明和过渡段加强照明的设计规模。

根据《公路隧道照明设计细则》(JTG/T D70/2-01—2014),洞外天空面积百分比越高,洞外亮度取值越大,洞内照明强度就越大,对应电气设备投资及能耗就越高。与山岭隧道相比,长大沉管隧道受其地理条件影响,洞外天空面积百分比通常较高,加之晴天海面水波泛光,也会加大洞外亮度。因此,在进行长大沉管隧道照明设计时,设计人员应先对隧道洞外亮度进行实测,根据实测结果设计洞内照明,并采取合理的减光措施,这样不仅可以避免照明系统设计规模过大而造成电气设备投资上的浪费,也可以减少运营过程中的能耗。

研究表明,每降低 $1\,000\mathrm{cd/m^2}$ 的洞外亮度取值,可减少 30% 的照明功率,设备投资可减少 20%。

2)路面及墙壁材料

不同路面及墙壁材料由于反射系数和亮度/照度比不同,对隧道内光环境的增益效果亦不同。亮度信息直接影响隧道内驾乘人员的安全性与舒适度,因此从降低能耗及行车舒适性考虑,设计阶段应尽可能采用沥青路面。

另外,采用高反射率的墙面材料,也会使隧道内路面的平均亮度得到提高。美国隧道照明规范 ANSI/IESNA RP22-11 中建议,"选择易维护、高反射率、非镜面反射且初始反射率至少为 50%(如环氧树脂漆)的墙面材料,使用这些材料对计算隧道亮度、亮度均匀度、物体对比等有影响"。国际照明委员会文件 CIE 2004 中认为,"较高的洞壁反射比非常重要,因为洞壁有助于光的相互反射,并且洞壁照明对乘车者的视觉引导有很大好处。选择隧道表面反射比对照明设备能否达到照明设计标准的效果有重大影响。反射比特性(反射、散播及其他)对照明设备的有效使用具有重大影响"。我国《公路隧道照明设计细则》(JTG/T D70/2-01—2014)明确提出,"隧道两侧墙面2m高范围内,应铺设反射率不小于70%的墙面材料",并规定当隧道内通行时间超过135s时,可以将隧道的中间段划分成两个区段,当隧道内墙面的反光系数不小于0.7时,中间段的第二个照明区段的亮度值可设计为前一区段的50%且不低于$1.0cd/m^2$。

3.2.2 灯具选择

选用高效的光源有利于减少电能的消耗,目前隧道常用的光源有高压钠灯、荧光灯和LED灯,高压钠灯具有高效、光通量高、透雾性强、光色柔和、特性稳定等优点,但其显色性较差,不易控制。随着LED制造工艺的不断成熟,其特有的高寿命、高光效、低能耗、高显色指数、易于控制等优点已被广泛使用到隧道照明中。与高压钠灯相比,在同等视觉条件下,LED可以节电60%~70%,其显色指数可达75~80,发光颜色更接近于自然光,视觉效果逼真,能够提高道路照明质量。

隧道照明作为一种管状照明结构,要求从灯具发出的光应尽可能地照亮路面区域。因此,要求从灯具出射的光在照明区域形成一种矩形照明,相比较而言,具有蝙蝠状配光分布的灯具既有利于满足矩形光照分布要求,又有利于照明节能。在灯具的造型上,除了选择高光效、高显色性、高寿命的灯具之外,还要考虑灯具配光分布的合理性。

3.2.3 设计方法

随着新材料、新工艺和新技术不断涌现,对公路隧道照明系统设计提出了新的要求。目前公路隧道照明设计主要依据《公路隧道照明设计细则》(JTG/T D70/2-01—2014)。设计中存在以下问题:

(1)设计人员以满足规范各项设计指标或参数为目的,缺乏创造性,设计千篇一律,限制了新技术的合理应用。

(2)难以达到安全和节能的合理匹配。规范中一般不明确指出合理的安全目标或标准,而是给出设计的最低标准。因此,这种设计很难做到既经济又合理。

照明设计中应充分考虑隧道布灯方法、照明配线设计方法、自然光和人工光结合的隧道布灯方法等。

3.2.4 控制方法

不同天气、不同季节及时刻的洞外亮度与不同车流量对隧道照明的要求不同,其对照明功率的要求亦不同。目前,我国隧道多采用晴天、阴天、重阴天(及傍晚)、夜间和下半夜五级调光方式,这种亮度等级考虑了一定的车流量因素,但是没有考虑季节因素,因此照明能耗仍然存在相当大的优化空间。

采用隧道照明智能控制方式,根据不同季节、不同天气的洞外亮度及不同车流量的情况对照明灯具进行实时控制,可实现真正意义上的按需照明。这种控制方式随着 LED 控制技术的不断成熟已成为可能,由于 LED 的工作电流在额定范围内可大可小,实现无级调光方式,起到相当显著的节能效果。

3.3 隧道环境相关技术

3.3.1 洞外亮度 $L_{20}(S)$ 取值方法

洞外亮度 $L_{20}(S)$ 是包含在一个圆锥视区内的简单平均亮度,如图 3-1 所示,这个圆锥视区以向隧道行驶的驾驶员的眼睛为圆锥体的顶点,圆锥角为 20°,圆锥体的中心轴线位于隧道洞口四分之一高度处与驾驶员眼睛的连线。其取值是从距洞口前的一个停车视距 S 处,距地面 1.5m 高测定的。

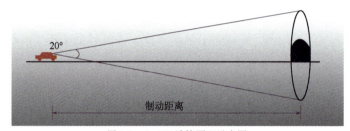

图 3-1　$L_{20}(S)$ 计算原理示意图

在隧道照明计算中,洞外亮度 $L_{20}(S)$ 决定了白昼时入口段亮度 L_{th}、过渡段亮度 L_{tr}。$L_{20}(S)$ 的合理取值,对工程投资和营运电费都有极大的影响,这不但关系到隧道照明的节能问题,还涉及交通安全等问题。日本东京湾海底隧道曾在设计中做过详细比较:在其他条件(包括车速)相同的情况下,如 $L_{20}(S)$ 分别设定为 4 000cd/m² 与 6 000cd/m²,则设备费相差 34%,年耗电量相差达 30%。

目前确定洞外亮度 $L_{20}(S)$ 值的方法主要有四种:查表法,亮度计算法(环境简图法),黑度法和数码相机照相法,目前国内使用较多的是查表法和数码相机照相法。

1) 查表法

《公路隧道照明设计细则》(JTG/T D70/2-01—2014)中建议,设计中洞外亮度如果没有实测资料,可以按表查取 $L_{20}(S)$ 值。

查表法需根据 $L_{20}(S)$ 的定义,结合隧道进出口纵坡,计算出 20°圆锥视场和圆心位置,做出隧道洞口 20°圆锥视场图,计算天空面积的百分比,再由洞口朝向或洞外环境、车速等查取规范中接近段亮度值。

但除了天空面积比之外,隧道朝向、洞外植被、护坡、端墙、路面铺装等洞外环境对洞外亮度的影响也很大,不同情况的洞外亮度值差别很大。重庆交通科研设计院曾对12条隧道进行过实测并得出结论,南向洞口洞外亮度最大,东向和西向洞外亮度最小,即意味着实际测得的$L_{20}(S)$与《公路隧道照明设计细则》(JTG/T D70/2-01—2014)中规定的东洞口与西洞口取用南洞口与北洞口之间值的说法有一定矛盾,因此,这种洞外亮度取值方法存在一定的局限性,在具体使用时需考虑当地实际情况。

2)数码相机法

根据照相光度学,照相机成像图片上每一点的灰度D与目标物相应点的曝光量H存在一定关系。曝光量H的大小与摄像过程中所采用的光圈数F、曝光时间T、目标物的亮度B存在的关系为:

$$H = B \times \pi \times T \times \frac{\tau}{4F^2} \tag{3-1}$$

式中:τ——镜头光学投射系数,它反映感光材料的主要特征指标。

数码相机测试法就是利用数码相机生成的数字图像的灰度D与曝光量H之间存在的线性关系,只要获取了某幅图像的灰度值后就可以反求出图像拍摄中多用的曝光量H,进而由上式推得物体某点的亮度B。

数码相机照明法快速简便,具有一定的测量精度,能满足隧道照明工程上的应用要求。在CIE 1990年出版的《公路隧道和地下通道照明指南》中,建议用查表法估算初始的隧道照明值,用环境简图法进行最终的照明设计,但是这两种方法都要求在可以知道更多的环境细节的情况下使用,在实际使用中,计算出的洞外亮度误差较大,不利于交通安全。

因此,在对隧道洞外亮度$L_{20}(S)$的取值确定上,可考虑采用数码相机法。

3.3.2 洞口减光设施设置技术

长大沉管隧道如其他隧道一样,洞口段处于明暗交替区,洞内外的亮度突变极易引起短暂的视觉功能降低,是交通事故的多发区。同时,长大沉管隧道受其地理位置影响,其洞外亮度的天空面积百分比较高,加之海面水波泛光,均会导致其洞外亮度较高,因此,在隧道洞口采取一定的减光措施,一方面可以人性化地处理好洞内外的亮度过渡问题,降低亮度剧变对驾驶员造成的视觉冲击,另一方面可以减弱隧道入口加强照明的亮度水平,降低隧道在运营期间的能耗。通过对目前国内外的隧道进行调研总结,隧道洞口的减光措施可以分为三大类:设置减光建筑、利用植被减光以及控制洞外景物的表面亮度。

1)设置减光建筑

减光建筑就是利用建筑物的遮光效果,以降低隧道洞口亮度,较为常见的建筑形式有遮阳棚、遮光棚以及通透式棚洞。减光建筑除了能够达到遮阳减光的效果之外,还具有标识作用

(可作为隧道洞门,加强隧道的标志性)、减压作用(能够缓和驾驶员进入隧道时的心理紧张感)、景观作用(作为隧道景观与道路景观衔接的重要构筑物,其艺术造型往往是公路与隧道景观设计的重要组成部分)及节能作用(通过减少洞内外的亮度差异,以降低隧道洞口段的照明亮度)等。

(1)遮阳棚

遮阳棚是一种顶部为封闭式结构的棚状构筑物,利用透明或半透明材料的透光作用以达到减光效果,不允许阳光直接投射到路面上(图3-2)。遮阳棚的优点在于封闭式的透光构造具有较好的遮阳减光效果,同时可以降低雨雪引起的车辆滑移,减少雨雪对路面基层侵蚀而延长使用寿命。但遮阳棚会因雨雪与环境污染而造成减光效果不稳定,因其对材质及构造要求较高从而增加了工程投资,同时运营期间维护工作量大,也不利于隧道内通风,需增加风机台数。此外,遮阳棚的封闭式构造会给驾驶员造成较强的心理压迫感。

(2)遮光棚

遮光棚是一种顶部为敞开式结构的棚状构筑物,与遮阳棚相比,其区别在于允许日光直射到路面上,且结构相对简单、轻巧(图3-3)。遮光棚的敞开式透光构造可以弥补遮阳棚受环境因素影响较大的缺点,工程投资较低,运营期间维护工作量小且通风透气性能好,可减少风机台数,降低运营成本。但遮光棚挡雨阻雪效果差,行车环境受洞外环境影响较大。另外,在遮光棚设计中,遮光格栅的间距在满足减光过渡要求的同时,还应考虑眩光问题。

图3-2　隧道遮阳棚

图3-3　隧道遮光棚

(3)通透式棚洞

通透式棚洞是近年来公路建设部门贯彻生态和谐理念的创新之举。该结构较好地与周围地势相结合,最大限度地减小植被破坏面,与周围景观相协调,同时通风及采光效果较好(图3-4)。通透式棚洞可以说是对洞口减光措施的有效补充和完善,也是将隧道结构与附属减光结构有机结合的积极探索。然而,该类结构受地形条件限制较大,不能被广泛运用。对于沉管隧道这种水底隧道,苛刻的地形要求使得棚洞这类减光设施不太适用。

在国内外的工程实践中,悬臂式棚盖、简易遮光板、遮光帷幕等同样有所应用。该类减光建筑结构简单,主要通过遮挡驾驶员行车主视野范围内耀眼的太阳光线以避免眩光。但该类结构遮挡光线面积有限,受力不均,在风力较大情况下存在一定安全隐患,实用性不大。

长大沉管隧道洞口减光建筑的形式选择除了需考虑减光效果的影响之外,还需结合当地的地形地势、投资成本、运营管理等因素。例如,通透式棚洞虽然拥有其他类型的减光建筑所不及的诸多优势,但是一般多运用于浅埋偏压地段,因此对地形条件的要求较高,难以推广运用。遮阳棚的顶部需设置一定数量的遮阳板,遮阳板的设置在提升工程造价的同时,也会带来减光效果不稳定,运营期间维护与清洗工作量大等诸多问题。因此,在减光建筑的形式选择上,以结构简单、减光稳定的遮光棚居多。

图 3-4　隧道通透式棚洞

2)控制洞外景物的表面亮度

隧道洞外景物亮度是影响隧道洞口附近光照亮度的关键因素,要想实现洞口内外明暗环境的平滑过渡,在隧道工程建设阶段就要对洞外景物的表面亮度加以控制。在隧道照明设计中,入口段亮度、过渡段亮度除与设计速度有关外,在很大程度上是由隧道接近段的洞外亮度值决定的,即隧道的洞外亮度越高,入口段和接近段所需的照明值也就越高。如果公路隧道景观设计不考虑周围环境亮度,不但会给公路隧道运营安全埋下隐患,而且将使得公路隧道照明负荷过大造成电能浪费。在隧道洞口外,可能出现在视野范围内并影响洞外亮度的因素主要包括:天空、洞门、道路、绿化、岩壁、广告牌等。由于各因素在视野范围内的比例有所差异,对洞外亮度的影响程度也会有所不同。

(1)天空

相对于道路、绿化、端墙等光反射表面,天空可看作"自发光表面",其亮度主要取决于光气候状况,是非人为可控因素。

(2)洞门

隧道的洞门形式多种多样,在工程设计中,出于对地形地貌、形式美观等因素的考虑,常见的形式主要有端墙式洞门和框式洞门两种。端墙式洞门,洞框面积一般较大,并且位于视野范围较中心的位置,其表面亮度对隧道洞外亮度的影响较大,因而洞口端墙应采用深暗材料,且反射率宜低于 0.17,以利于降低其表面亮度。而框式洞门,洞框面积一般较小,因而饰面材料的反射特性对洞外亮度的影响不大,并且框式洞门通常采用浅色的装饰材料,以起到提示警醒作用。洞口端墙应尽量采用反射系数小(小于 0.2)、定向度低(低于 0.4)的漫反射或近似漫反射面层材料,如黑色面砖、黑色毛面大理石、黑灰色水磨石、菱苦土面层等。并且在实际应用中,应尽量禁止使用高定向度面层材料。

(3)道路

路面是视野范围内所占面积百分比最大的景观要素,路面亮度对隧道洞外亮度的影响也是最大的。除水平照度外,路面材料的反射特性是影响道路表面亮度的重要因素之一。常用的公路路面材料主要有混凝土路面和沥青路面。两种材料的反射系数和反射特性不同,其表面亮度存在很大差异。路面反射系数的确定方法较为复杂,一般将路面看作均匀扩散材料,根据路面平均亮度与平均照度的转换率得出路面的近似反射系数。通常情况下,沥青路面反射系数为 0.14~0.21,混凝土路面反射系数为 0.24~0.31,很深的黑色路面反射系数为 0.11~0.14。与混凝土路面相比,沥青路面具有较低的反射系数。随着路面使用年限的增加,混凝土路面反射系数降低,而沥青路面反射系数增加。但就整体而言,沥青路面的反射系数还是明显低于混凝土路面。因此,在实际应用中,隧道洞口接近段宜铺设沥青混凝土路面、深暗色路面或彩色复合路面,以降低隧道洞外亮度,有助于实现隧道洞口内外亮度的平滑过渡。

(4)绿化

绿化是隧道洞口视野内主要的景观要素之一,仅次于路面。隧道口的绿化通常根据地形地貌、气候特征、景观效果等因素选取不同的植物类型,即乔木、灌木、草本等。其中,乔木和灌木的表面亮度低于草本植物的表面亮度,且深色植被的表面亮度要低于浅色植被。因此,若客观条件许可,在隧道洞口附近区域宜栽种长势茂盛的深色乔木或灌木。

(5)广告牌

位于隧道洞口附近、面积巨大的广告牌,在视野范围内所占面积达到一定比例时,对洞外亮度的影响程度有所增加。为了避免其对隧道洞口附近亮度造成过大影响,广告牌应尽量远离视觉中心布置,若无法避免,广告牌应尽量选用反射系数小于 0.2、定向度小于 0.4 的漫反射材料,并不应作镀膜处理,且远离视觉中心。

3.4 隧道照明灯具优选技术

隧道照明选用的光源主要有荧光灯、高压钠灯、低压钠灯、高压汞灯、LED 灯具。隧道内环境差、污染大,清洗隧道墙壁所用的化学溶剂、加压水流以及机械清洗设备都可能对隧道的照明系统产生有害作用。隧道照明光源比选的评价指标,可从安全、环保、可靠、经济、高效及维护管理 6 个方面进行选择。

3.4.1 隧道照明光源比选指标

为了提高评价的可操作性,将比选指标分为定性指标和定量指标。

1）定性指标

定性指标用于光源是否满足工程需要的基本性能分析，主要包括安全性（适应的最高温度是否满足消防要求）、电网的适应性（电压与频率范围）、环境适应性（防护与防腐等级）、环保性（发光体有毒气体的排放量和电磁辐射、废旧灯具和光源的可回收性）和维护管理的可操作与方便性（包括光源的可控性——在运营过程中，是否能根据气候、交通量、速度、交通工况的实时状态进行照明控制，以及油烟与尘埃的免黏附能力）。

2）定量指标

用于判别光源的优劣，可用下述指标来描述。

（1）光源的色温

光源色温、照度的高低变化及组成，不但影响人的视觉偏好，而且影响空间的氛围。在不同照度的环境下，应运用不同色温的光源，才能获得舒适的照明效果。

（2）光源的光通量

光源发出的光通量是以流明（lm）来度量的，它表示光源在单位时间内发射出的以人眼感觉为基准的能量，通常可不必考虑它的时间概念。由于人眼对不同波长的电磁波具有不同的灵敏度，我们就不能直接用光源的辐射功率或辐射通量来衡量光能量，必须采用以人眼对光的感觉量为基准的基本量——光通量来度量。光通量是进行隧道照明设计时首要考虑的问题，即对于所要设计的道路，究竟需要多少流明的光才能达到所需的亮度水平。由于隧道所需亮度较高，因此需要较大发光效率的光源，才能得到所需要的光通量。

（3）光源的发光效率

发光效率以每瓦流明（lm/W）表示，即每瓦电能所能发出的光通量，简称光效。从节约能源的角度考虑，光效是隧道照明光源选择中最重要的指标。影响发光效率的因素主要有每瓦的流明数、灯具的养护系数、灯具的利用系数和光效的叠加性。

（4）光源的光衰减

光衰减通常以流明衰减系数表示，含义为：经过一定数量的运行小时后，初始光通量下降的百分数。除了要考虑光源的初始光通量，还需要考虑光源在使用中的光通量，即燃点100h，甚至1 000h后的光通量。隧道照明应选择光衰减量小的光源。

（5）光源的显色性

显色性是光源对于物体颜色的显现程度，用显色指数 Ra 表示。目前，对照度与显色性的关系的研究结果表明，从视觉心理角度来看，在相同照度下，显色性好的光源比显色性差的光源在感觉上要亮。因此，采用显色指数较高的光源照明时，可以适当降低照度标准。

（6）电源效率

电源效率包括功率因素与谐波两个指标，二者对节能都有较大的影响。

(7)寿命

寿命是在一定光衰率条件下的平均无故障工作时间。

3.4.2 隧道照明光源比选方法

在专家定性评价后可进行定量计算比较。定量计算包括光源经济性计算和照明系统全寿命周期成本估算等。照明经济计算主要是计算各个照明方式的初次设备投资费、寿命期内用电费用和维护费用。

1)光源经济性计算

为了计算光源的经济性,必须采用一些适当的比较单位。这里,比较单位取为 C(元/流明小时),即光源在额定寿命(经济寿命,以下相同)期内,每单位时间和单位光通量所需要的照明费用。C 的计算公式如下:

$$C_{光源} = \frac{P + C_L}{\Phi \times T} \tag{3-2}$$

式中:C_L——光源单价(元/只);

Φ——光源光通量(lm);

T——光源寿命(h);

P——光源寿命期内消耗的电费(元)。P 的计算公式为:

$$P = \frac{(W_L + W_B) \cdot T}{1\,000}\rho \tag{3-3}$$

W_L——光源输入功率(W);

W_B——镇流器或变压器损失功率(W);

ρ——电费单价[元/(kW·h)]。

2)灯具的经济性

影响灯具经济性的因素很多,它包含使用照明灯具的数量、灯具的单价、灯具装配线的单价、折旧年数、灯具清扫费单价、灯具所耗电费等等。因此,在比较灯具的经济性时,必须将上述因素一起考虑,灯具产生单位光通量每月所需的照明费用 C 为:

$$C_{灯具} = \frac{C_a \times t + C_c}{\Phi_0(1 - gt/2) \times t} \tag{3-4}$$

式中:C_a——灯具的折旧费、灯具所耗电费、光源价格费(元/月);

C_c——平均每清扫一次所需费用;

t——清扫周期(月);

Φ_0——光源初始光通量(lm);

g——由于污染灯具输出光通量减光的比例(%/月)。

由式(3-4)可知，t 和 g 是一对矛盾，在灯具寿命期内，我们要求得到尽量多的光通量而花最少的费用。图3-5为灯具清扫周期与光输出的关系，可以看出，增加清扫次数即可增加光通量输出，但也增加费用。

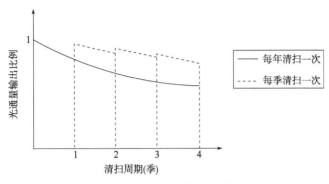

图3-5 清扫周期与光输出的关系

在求清扫周期时需将 C 对 t 求导，并令其等于零，得：

$$\frac{dC}{dt} = 0, t^2 + 2\frac{C_c}{C_a} \times t - 2\frac{C_c}{C_a g} = 0 \tag{3-5}$$

因其中第二项的值相当小，可省略，从而得：

$$t = \sqrt{2\frac{C_c}{C_a g}} \tag{3-6}$$

式中，光通量下降比例 g 可实测得出或查表，它与使用地周围环境条件和灯具形式有关，对一般近似计算，可取：开启式灯具 $g = 0.024$，密封式照明 $g = 0.020$。

由式(3-6)表明，若清扫人工费用 C_c 很低，并且与每月所需的照明费 C_a 相差很多时，则清扫周期 t 可短些；反之，清扫周期则应长些。污染严重时 g 值大些，清扫周期也应短些。可见，低于或高于用式(3-6)求出的 t 值，都是不经济的。

3) 照明方案的经济性

对两种或两种以上的照明设计方案作经济比较时，都应在照明条件近似和照明效果基本相同的条件下进行。如果两个方案的照明条件与效果相差很大，例如，某一方案照明设备很简陋、灯具数量不足、照明质量很差、投资很低，而另一方案采用价格较高的照明设备、灯具数量足够、照明效果相当好，但其投资较高，那么对这两种方案作经济比较就没有什么意义。

照明经济比较分析应包括照明设备投资、电力费和维护运行费，以下就这几个主要因素的计算方法做一些详述。

进行照明经济比较分析时，由于不同照明方案的照度值不尽相同，因此必须采用单位照度的年照明费用来进行比较。单位照度的年照明费用 C_{TE} 为：

$$C_{TE} = \frac{F + M + P}{E} = \frac{C_T}{E} \tag{3-7}$$

式中:C_{TE}——年照明费;

F——年固定费;

M——年维护费;

P——年电力费;

$\bar{E}$——平均照度(指室内平均水平照度或路面上的平均水平照度)。

下面对年照明费用的各项做一些分析。

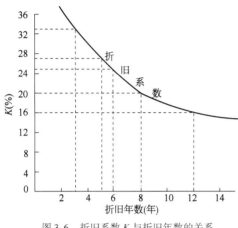

图 3-6 折旧系数 K 与折旧年数的关系

(1)年固定费 F

照明设备是机电设备的一大类,在使用过程中都有消耗。一般情况下,取照明设备初投资的一定比例 K 作为固定费用,这些费用需计算到年投资费用中去,并按预设年份逐年回收,即为以后的设备更新费用。系数 K 也称为年折旧系数,它随折旧年数不同而变化,可根据照明设备的耐用性选取 K 值。从图 3-6 中可见,当折旧年限为 3 年时,K 取 0.33;若折旧年限为 5 年时,K 为 0.27;若折旧年限为 6 年时,K 为 0.25;若折旧年限为 8 年时,K 为 0.20;若折旧年限为 12 年时,K 为 0.16。

年固定费用即为:

$$F = K(C_E + C_B + C_I) \tag{3-8}$$

式中:C_E——灯具价格;

C_B——镇流器或变压器及触发器等价格;

C_I——配线安装施工费。对道路照明而言,C_I 包括灯杆、电缆配线等很大部分,往往比灯具费用还大。

(2)年维护费 M

年维护费包括更换光源时的人工费和光源本身的价格,还包括清扫灯具所消耗的清洁剂等材料及人工费用,表示为:

$$M = E + D \tag{3-9}$$

式中:E——年更换光源费用;

D——年清扫费用。

$$E = (C_L + a)N_1 = (C_L + a)nN\frac{t_E}{T} \tag{3-10}$$

式中:C_L——光源单价(元/只);

a——平均每更换一支光源的人工费用(元);

N_1——一年内更换光源的次数；

n——每个灯具内的光源数；

N——整个设施内灯具的数量；

t_E——每年点灯的时间(h)；

T——光源寿命(经济寿命)。

在式(3-9)中，D 为：

$$D = (b + d) C_f \times N \tag{3-11}$$

式中：b——每个灯具的平均清扫人工费(元)；

d——每个灯具清扫时所需的材料费(元)；

C_f——年清扫次数(即为 $12/t$)，t 为时间。

(3)年电力费 P

$$P = \rho (W_L + W_B) \frac{N n t_E}{1\,000} \tag{3-12}$$

式中：ρ——电力费单价[元/(kW·h)]。

根据上述各项费用，可综合为年运行费 R 和设备初次投资费 I，即：

$$R = M + P = E + D + P \tag{3-13}$$

$$I = N(C_E + C_1 + nC_L) \tag{3-14}$$

4)照明系统全寿命周期成本估算

对两种或两种以上的照明设计方案作经济比较时，都应在照明条件近似和照明效果基本相同的条件下进行。目前，在对隧道照明方案进行经济计算时，大多数只关注初期的投入，而忽视了后期的运营电费和维护费用。对新兴光源，如电磁感应灯和白光 LED 灯等，由于目前技术水平的限制，初期的投入成本就相对较高，但是这些光源的寿命长，能耗低，这样后期的运营和维护的费用就会很低。因此，在进行光源的经济性分析时，应该对整个照明系统的全寿命周期成本进行计算，包括照明设备初期投资费、全寿命周期内的电力费和维护运行费。

$$C_q = C_{cs} + (M + P)S \tag{3-15}$$

式中：C_q——全寿命周期照明费用；

C_{cs}——系统初始投入费用；

M——年维护费；

P——年电力费；

S——系统寿命周期。

$$C_{cs} = C_E + C_B + C_1 \tag{3-16}$$

式中：C_E——灯具价格；

C_B——镇流器或变压器及触发器等价格;

C_1——配线安装施工费。

$$C_{qe} = \frac{C_q}{\overline{E}}\tag{3-17}$$

式中:C_{qe}——全寿命期照明系统单位照度的照明费用;

$\overline{E}$——系统平均照度。

在隧道照明光源的选择和隧道照明的设计上,到底测量数据更为重要,还是人的因素更为重要,如何将两者更好地结合在一起,需要我们对隧道照明的目的和特点进一步分析,并在人类功效学理论的基础上进行综合考虑和研究。

3.4.3 光源及灯具维护

只有在良好的维护条件下,一个道路照明设施才能连续和有效地运行。此外,维护不良会导致光源光通量下降、灯泡损坏和灯具肮脏等恶劣效果,这种恶劣效果给照明质量带来了不可容忍的损失。

即使是在一个维护得很好的照明设施上,某些质量上的恶化也是不可避免的,这种恶化将出现在运行周期最大值的地方。面对照明设计者的任务是充分考虑灯具维护周期及照明设计维持亮度,使照明水平和质量不要降低到标准规定以下。同时,这一设施的维护费用不应很高、耗能也不应过大。

1)灯泡损坏

由于制作上允许存在一定的误差,这就使得对一支灯泡不可能提供一个精确规定的寿命或者预告一支特定的灯泡何时损坏。而且,对于在道路照明上常用的放电灯来说,灯泡寿命受多种因素的影响,灯光制造者很难控制,例如镇流器的形式、大气温度、工作电压、开关频率、点燃位置、机械振动的严重性以及其他等。灯泡寿命的变化也常常与灯泡使用的功率是否匹配有关。

灯泡制造厂又在实验室控制的条件下,对标准的灯泡进行处理得到"损坏率曲线"。如图3-7所示为每一条曲线都指出了在不断增加着的点燃时间中,仍在继续点燃的某种指定类型的灯泡,其损坏率达到50%时所点燃的小时数,称为灯泡的平均寿命。

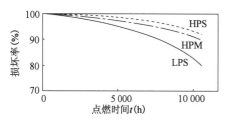

图3-7 高压钠灯(HPS)、高压汞灯(HPM)和低压钠灯(LPS)的损坏率曲线

2)灯泡光通量的衰减

灯泡光通量的衰减,这也就是说,绝大多数的灯泡在经过了一段老化时间之后它的光输出都要下降。一支灯泡的寿命在它给定的这一期间下降,这不仅与光源

类型和功率有关,还与许多其他因素有关,诸如大气温度、电压波动、点燃位置、机械振动的严重性,以及其他等等,也都是重要因素。不过,就像灯泡的损坏一样,在实际运行条件下提出一个光通量衰退十分可靠的资料也是办不到的。灯泡制造者能够对不同的灯(种类和功率)提出一个光通量衰减曲线,这也是在实验室控制的条件下取得的。图 3-8 给出了某些灯泡的光通量衰减曲线,它表示出高压钠灯和低压钠灯的光通衰减趋势,特别是在后期要低于高压汞灯。

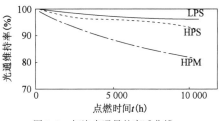

图 3-8 灯泡光通量的衰减曲线

3) 灯具的污垢程度

在道路照明中最严重的光输出损失是来自灯具光发射面上的尘垢积集。污垢灯具会使灯具的光分布形成不利的变化。

污垢的严重程度与灯具类型和该地区的大气污染状况有关。封闭的灯具比开敞的灯具防尘效果更好,还可以防腐蚀,自然,它的密闭性应是相当好才行。一旦封闭式的灯具也有污垢侵入,那么很快就能使输出的光通量每年降低 20%~30% 之多。而对于无保护的暴露位置很可能每年的光输出损失只有 5%~10%。

4) 灯具老化

灯具的老化表现在反射器和镜面反射性能的逐渐衰退或者透明罩因腐蚀和变色造成的透光率的损失。自然,这种效果与灯具品种和它使用的材料有关。灯具因老化造成的光输出损失是不能靠清洗来恢复的,对于一个封闭型的高质量灯具,它的光输出下降平均值应按每年 1% 计算。

3.5 隧道照明节能方法

3.5.1 设计方法与步骤

公路隧道设计应进行资料收集,基础资料见表 3-1,公路隧道照明设计方法与步骤见图 3-9。

公路隧道照明系统基础资料表　　　表 3-1

调查内容	描述
洞外亮度	洞外亮度是公路隧道照明设计的主要参数,各个项目隧道洞外亮度均不一致,应到现场进行亮度评估或测试
土建结构物的设计方案	隧道长度、纵坡、平纵线形、墙面装饰材料与路面类型、洞口结构形式、横断面布置及建筑限界
交通状况	设计交通量、设计速度、交通组成、单向或双向交通、汽车交通或混合交通
供电条件	用电等级、引线长度、功率因数、电压的波动范围
灯具光效	灯具(含电源部分)的光效

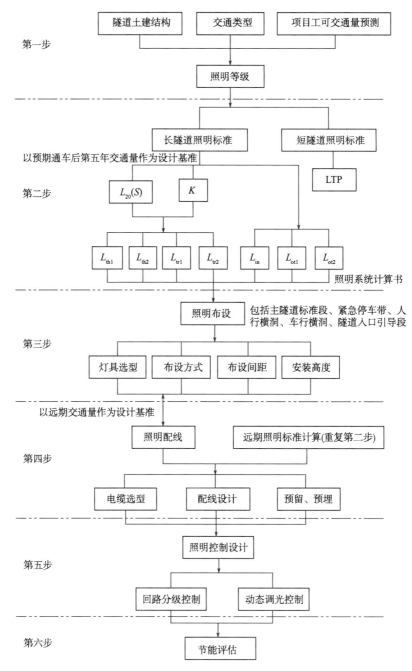

图 3-9 公路隧道照明设计方法与步骤

3.5.2 布灯方法

隧道照明布灯方式直接影响到照明效果和运营管理的经济性,一个高效节能的照明系统,在选用与隧道照明方式相匹配的照明灯具前提下还必须采用合理的布置方式。对于长大沉管隧道而言,不合理的布灯方式将会造成照明系统设计规模过于庞大,从而造成运营成本的增加。

目前国内隧道布灯大致有以下三种基本方式:双侧对称布置、双侧交错布置、中间布置。对称布置和交错布置一般是将灯具安装在墙壁和顶棚之间的拐角处,而不是安装在墙面上,这种布置方式可以提供良好的视觉环境,使得隧道墙壁底部到 2m 高的范围内具有不低于路面平均亮度的照明效果。中间布置是将灯具安装在顶棚的轴线处,这种布置方式可以使较多的光通量分布在路面上,灯具的效率较高。但是,给灯具维修带来困难,会影响交通。当采用两侧排布灯方式时,宜采用宽点带点光源配光式灯具,若采用中线布灯方式,且采用宽光带线光源配光式灯具或逆光照明灯具,通常中线布置方式比侧面布置效益高。

结合长大沉管隧道的实际情况,隧道全段采用 LED 灯具,并采用两侧对称安装布置方式,根据 LED 灯具的配光分布进行合理设计优化,能体现较好的节能经济性。

3.5.3 布线方法

1) 回路设计法

传统高压钠灯采用回路进行分级控制,灯具配线回路较多,一般入口段采用 5 个回路,如图 3-10 所示;过渡段、出口段采用 4 个回路,如图 3-11 和图 3-12 所示;基本照明采用三个回路(夜间、深夜、应急),如图 3-13 所示。

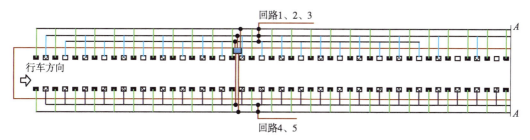

图 3-10　加强照明入口段配线回路图

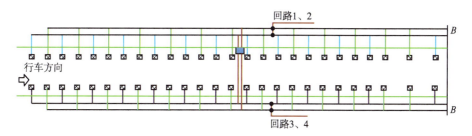

图 3-11　加强照明过渡段配线回路图

2) LED 照明干线设计法

采用了 LED 照明,考虑到调光的灵活性,推荐采用干线设计法,以避免回路设计法中电缆的浪费,应急照明应按一级负荷中特别重要负荷供电,宜设置 EPS(Emergency Power Supply)集中供电式应急电源装置作为应急照明的应急电源。当正常电源因故断电时,应急电源应自动投入工作,供电转换时间应≤5s,供电持续时间≥30min。LED照明干线设计法见图3-14。

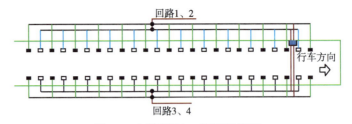

图3-12 加强照明出口段配线回路图

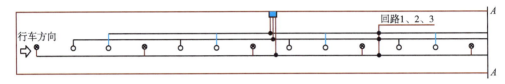

图3-13 基本照明出口段配线回路图

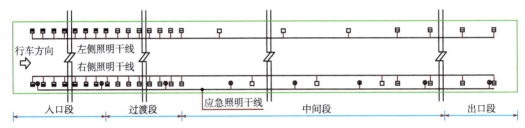

图3-14 LED照明干线设计法

3.5.4 照明眩光控制指标与措施

1) 眩光控制指标

眩光是在人眼视野内的光引起视觉不舒适感或造成视力下降的现象。在隧道照明中眩光分为两类:一类称为失能眩光(生理眩光),它损害视看物体的能力,直接影响到驾驶员觉察物体的可靠性;另一类称为不舒适眩光(心理眩光),通常引起不舒适的感觉和疲劳,直接影响到驾驶员的舒适程度。

(1) 失能眩光(生理眩光)

从可见度损失的角度,用失能眩光来评价道路照明设施。眩光导致觉察(即知觉)能力的损失,是由于光在眼睛里发生散射而造成的,没有眩光时,直接视场里景物的清晰图像聚集在眼睛的视网膜上,引起视感觉与景物的亮度成正比,来自位于直接视场内或靠近直接视场的眩光源的光线在眼睛里不聚集,而是部分地发生散射,在视网膜方向上的散射会起到光幕作用叠加在清晰的图像上。这层幕可以看作有一等效亮度,其与视网膜方向散射程度成正比,称为等效光幕亮度,其大小取决于眩光源在眼睛上产生的照度($E_{\theta i}$)以及观察方向和从眩光源来的光

线入射方向之间的角度(θ),并可用下面经验公式表示:

$$L_v = K \sum_{i=1}^{n} \frac{E_{\theta i}}{\theta^m} \tag{3-18}$$

式中:L_v——等效光幕亮度(cd/m^2);

K——比例系数,当 θ 以度为单位时,$K=10$;当 θ 以弧度为单位时,$K=3 \times 10^{-3}$;

$E_{\theta i}$——第 i 个灯具在观察者眼中的平面上垂直照度;

θ——视线和来自眩光源的光线入射方向之间的角度。

当 $\theta < 2°$ 时,$m = 2.7 - 0.7 \lg \theta$;

当 $\theta \geq 2°$ 时,$m = 2$。

把等效光幕亮度加在背景亮度和物体亮度两者之后,会导致有效背景亮度的增加和对比度的减小,意味着没有眩光时一个刚刚可以看见的物体(阈值对比),在有眩光时就看不见了,除非增加实际对比。在眩光评价中用阈值增量来度量由于眩光导致的视功能的损失,其定义为在眩光条件下又能刚刚看到物体所需增加的额外对比除以有效对比。

对于 $0.05 cd/m^2$ 和 $5 cd/m^2$ 之间的平均路面亮度,阈值增量计算如下:

$$TI = 65 \frac{L_v}{L_{av}^{0.8}} \tag{3-19}$$

式中:TI——相对阈值增量(%);

L_v——等效光幕亮度(cd/m^2);

L_{av}——路面平均亮度。

(2)不舒适眩光(生理眩光)

从降低驾驶员视觉舒适感的角度,用不舒适眩光来评价道路照明设施。实验研究表明,驾驶员所感受到的不舒适眩光,可用眩光控制等级 G 来度量,它取决于特定灯具指数和隧道照明设施的特征,具体如表3-2所示。

眩光控制等级 G 一览表　　　　　　　　　　　　　表3-2

G 值	眩光感受程度	评　　价
1	不可忍受程度	差
3	感到烦恼程度	不好
5	刚能接受	尚可
7	感到满意	好
9	感觉不到眩光	很好

2)眩光控制措施

根据眩光产生的机理,结合长大沉管隧道的地理特点,在隧道洞外车行道两侧,根据车行道的驾驶员视线方向及角度,设置一定高度的护栏,以防止由于海面水波泛光引起的反射光在视网膜位置形成光幕亮度而导致的失能眩光。

隧道内部的眩光主要来自于隧道灯具,为了保证驾驶员的安全性和舒适性,降低眩光常用方法有:限制灯具的仰角、增加灯具的安装高度、选用截光型或半截光型灯具。总之,在进行隧道照明设计时,就需考虑眩光指标的合理性,即结合灯具的配光分布在进行节能设计时还需考虑照明安全设计,所设计的照明指标不仅要满足《公路隧道设计规范 第二册 交通工程与附属设施》(JTG D70/2—2014)或《公路隧道照明设计细则》(JTG/T D70/2-01—2014)要求,同时也要考虑节能性和安全性,使隧道照明的失能眩光和不舒适眩光控制在安全范围之内。当灯具光电参数未知的情况下,按不舒适眩光 G 的具体数值限制眩光可以采用截光型和半截光型灯具来限制眩光,此时,G 值的具体指标大都能够满足要求。国际上对截光型和半截光型灯具进行的相应 G 值研究结果是:截光型灯具 $G=6.7$,半截光型灯具 $G=4.8$。而国际照明委员会(CIE)建议的 G 值为 $4\sim6$。

3.5.5 自然光在沉管隧道照明节能设计中的应用

1)自然光传导方法选取

自然光作为一种取之不尽、用之不竭的能源,相比其他能源更具清洁、安全的特点。充分利用自然光可节省大量照明用电,又可间接减少自然资源的消耗及有害气体的排放。国际照明委员会的天然采光技术员委会专门组织各国专家对近年取得的自然光采光设计经验和科技成果进行了总结,编写了《国际采光指南》,为设计、科研、教学和有关人员提供了设计依据和标准。

在欧美及日本等发达国家,已开发了一系列太阳光光纤照明系统,并在学校、博物馆、办公楼、体育场馆等公共设施及工业与民用建筑中广泛应用,实现了白天完全或部分利用自然光照明,从而大大节省了电能,提高了室内环境质量。目前太阳能光导照明的技术及产品正在快速发展中,主要有光导管照明和光纤照明两种方式。

光导管是最近 20 年发展起来的一种新型有效的利用自然光的照明装置。它可以把自然光进行重新分配,从一个地方传输到另一个地方,从而节省白天的照明用电。它不仅具有节约能源,清洁无污染的优点,还可以避免一些采用自然光照明的系统由于直接获得太阳光存在的眩光等问题。

采集自然光(太阳光)的光导管系统由三部分构成,一是采光部分,放置在建筑物外部,采光罩多由透明塑料注塑而成,表面有三角形全反射聚光棱;二是导光部分,一般由三段导光管组合而成,光导管内壁为高反射材料,反射率可达 92%~99%,光导管可以旋转弯曲重叠来改变导光角度和长度;三是散光部分,为了使室内光线分布均匀,系统底部装有散光部件,可以避免眩光现象的产生。

国外光导管技术的研究相对比较成熟,俄罗斯和美国在这个领域里都取得了显著的成绩。

由于采集太阳光的光导管绿色照明系统结构简单,安装方便,成本较低,实际照明效果很好,因此在国外发展十分迅速,应用也比较广泛,许多跨国公司生产这种产品,目前美国 Monodraught 公司、日本共荣株式会社、美国 ODL 公司等多家公司都具有一定的光导管生产能力。其产品广泛应用于各种场合的采光,如大型体育场馆和公共建筑以及办公楼、住宅、商店、旅馆、白天阴暗的房间或地下室、地下车库等建筑的采光照明中。

国内在 20 世纪 80~90 年代,曾有一些科研院所研究类似的自然光光导管照明系统,但由于时机不成熟,所以市场应用较少,研究工作也无法深入进行。2000 年以后,随着经济生活水平的提高和人们环保意识的提升,特别是 2008 年北京奥运会申办成功以后,自然光照明这种绿色环保健康节能的照明方式越来越受到人们的重视。目前我国在光导管的研制和应用技术上已取得了一定的进展,并在地下车库、图书馆等民用建筑上得到了一些应用。

光导纤维是 20 世纪 70 年代开始应用的高新技术,最初应用于光纤通信,80 年代开始应用于照明领域,目前光纤应用于照明的技术已基本成熟。它是结合太阳跟踪,透镜聚焦等一系列专利技术,在焦点处大幅提升太阳光亮度,通过高通光率的光导纤维将光线引到需要采光的地方。光导纤维主要采用光的全反射原理,光线进入光纤后经过不断的全反射传输到另一端,它能将光的明灭变化等信号从一端传送到另一端。光导纤维采光系统一般也是由聚光部分、传光部分和出光部分三部分组成。聚光部分把太阳光聚在焦点上,对准光纤束。基于这种原理开发的光导照明产品已十分成熟,在国外得到了广泛的应用。

国内在光纤照明领域研究甚少,将光纤照明应用于公路隧道,仅局限于国外隧道照明工程。如在美国,连接萨姆勒(Sumner)和卡拉罕(Callahan)的隧道中已经设计并采用了全新的光纤照明方式来取代传统的照明灯具。这条隧道是连接罗根国际机场(Logan International Airport)的一条主要高速公路。这完全是一种全新的设计理念,它既满足了隧道照明中防震的机械强度要求,又可以保持长效的使用寿命和维护途径,充分结合了隧道照明中的各项技术要求。但基于当时光纤成本问题,未进行有效地推广应用。

近年来,随着玻璃光纤,特别是逐步兴起的聚合物光纤导光性能的提高及光纤价格的下降,使得直接有效地利用太阳能成为可能。

受洞外亮度的约束,长大沉管隧道的加强照明占了照明总能耗的一半以上,如果在洞口加强照明中充分利用自然光的优势,实现洞内一两百米范围内的自然光照明,可大大减少隧道照明能耗。考虑到光导管在实际应用中光衰减较大,通常,光在光导管内传输 15m 左右已损失达 99% 以上,而石英光纤由于光传输损耗小,理论上传输 500m 还能保持 90% 的光通量,如果能结合一套高效的太阳光收集系统将其用于隧道照明,能够实现隧道内加强照明系统的大大锐减,从而减小隧道照明设备的投入及营运电能的下降。此外,利用光纤照明技术进行自然光能量的传播,还可使洞内照明符合洞外自然光变化的规律,从而实现所传播的光通量的均匀分配,在形成良好的照明环境的同时,带来非常显著的节能效果。

2) 光纤照明集光方式及光传输效率

(1) 光纤照明集光方式

在利用光纤实现隧道自然光照明方式中,如何高效收集自然光实现一定距离内的有效照明,是自然光隧道照明中首先需解决的问题。目前,国内外对该方面的研究集中于结合太阳跟踪、透镜聚焦等一系列专利技术,在焦点处大幅提升太阳光亮度,通过高通光率的光导纤维将光线引到需要采光的地方,并能进行紫外线大幅拦截,有利于人类健康。

目前用于聚集的透镜主要有菲涅尔透镜和光学玻璃透镜两种,市面上供应的亚克力材质的菲涅尔透镜成本较低,但由于受到亚克力材质的性能限制,其阳光通过率只能达到92%,而且在户外强烈的日光紫外线下老化速度非常快,其使用寿命不能超过五年,且光学透过率逐年降低。而光学玻璃的光学透过率可以达到98%以上,完全不存在紫外线下老化的问题,性能稳定,质量有保障,但相对而言,玻璃透镜的成本要更高,质量较菲涅尔透镜要大,对机械驱动装置的承重及抗扭转等要求更高。结合隧道照明的长期性及性能要求,隧道自然光照明的聚集采光系统宜采用玻璃透镜。

通常聚光系统是由光学玻璃透镜阵列构成,其作用是采集、压缩、提升、分离阳光,同时对紫外线进行二级拦截(外部亚克力球罩起到第一级过滤紫外线的作用)。玻璃透镜采取阵列的构成可以在保持采光面积不变的前提下进行集光机结构的最小化。透镜将自然光进行聚焦压缩到2mm后透过聚焦光阑,将与传输光纤进行耦合,此耦合系统属于直接耦合,此处由于太阳光温度很高,导致塑料光纤无法使用,而石英光纤完全可以适用。在设计上,透镜的焦距过大会导致集光机体积变大,焦距过小一方面会增加透镜的设计难度,另一方面会增加聚焦之后光纤的出射角。设计需结合集光机的结构、所需光能量要求及配合传输光纤的入射角要求。

集光机在控制电路的管理下,对太阳进行精确的追踪,使得太阳光可以直射到集光器的光学玻璃透镜上,通过该透镜的聚焦作用,使光聚集在焦点。只要保证把光纤安装在合适的位置,可使得透镜收集到的光耦合进入传导光纤。根据隧道照明光纤芯径要求,对于芯径为1mm的光纤来说,其对跟踪系统精度要求不能低于0.4°。当跟踪精度低于0.4°时,聚光组件的汇聚光将完全不能耦合进导光光纤,当跟踪精度达到0.4°时聚光组件只能将其50%的光能耦合到光纤中。为了能够使聚光组件把更多的太阳能量汇聚耦合到光纤中,必须要把跟踪精度做好。由于跟踪精度难以提高,隧道照明中太阳跟踪传感探头采用光纤传导的技术原理设计了新型探头,可以极大提高跟踪精度。目前国内先进的太阳光采集跟踪系统的跟踪精度可以达到0.05°,实验室精度可以达到0.02°。

(2) 光纤传输效率

传输太阳光的光纤从类型上可以分为塑料光纤和石英光纤。

塑料光纤传输距离短（<20m），损耗大，不耐热，同时环境耐候性差，易老化。石英光纤传输距离长，损耗低，耐高温，性能稳定，寿命长。通过制造技术的不断提升，石英光纤的芯径不断提高的同时，其抗弯折的性能也得到改善，应用领域得到不断扩展。

目前的照明光缆采用高纯度特种导光石英光纤，传输损耗低，传输效果较好，其主要作用是将集光器所接收并压缩的阳光传到室内。理论上 1 000m 以上仍然有较好的传输效果。比较通用的照明光缆设计为 6 芯结构，每一透镜接一根光纤，6 片透镜由 6 根光纤对应组成 1 束光缆，传导输出 1 束阳光。即：6 镜集光机有 6 个镜片，传输 1 束阳光；12 镜集光机有 12 个镜片，传输 2 束阳光；36 镜集光机传输 6 束阳光，依此类推。光导纤维将阳光传输到室内，进行充分大面积照明。

从传输性能上看，光纤出射面上的太阳光能与光纤产生的漏损、传输过程中与里层产生泄漏以及芯层材料散射吸收等因素有关。在长度为 L 的光纤中传输的能量，出射能流密度 F_{out} 为：

$$F_{out} = F_{in} T_{in} T_{out} e^{-\gamma L} \tag{3-20}$$

式中： L ——光路长度；

F_{in} ——入射能流密度；

T_{in}、T_{out}、γ ——入射、出射漏损系数以及衰减系数，一般情况下，$T_{in}=0.94$，$T_{out}=0.96$，γ 与入射辐射的波长以及入射辐射的角度相关，式（3-20）用于单色辐射波长较为准确。

根据研究表明，当太阳入射辐射为 1 000W/m²，传输光导管接收到的聚光辐射强度最大值为 4.5×10^5 W/m²，经过传输到末端的辐照强度为 2.0×10^5 W/m²。当传输光导的镜面反射率为 0.99，吸收率为 0.01 时，接近全反射的情况，光纤面接收到的能量为 6.46W，光纤末端的输出能量为 3.75W，能量传递效率约为 58%。接收面的光斑直径为 2mm，末端直径为 1mm。而把吸收率增大为 0.05 时，输出端面得到的能量为 1.10W，传递效率将为 17%。可见，来自于光纤壁面的吸收或泄漏是影响传输效率的关键因素。采用避免全反射的光纤，是提高光能传输效率的保证。

对于基于全反射传输的石英或玻璃光纤，能量传输时要考虑来自于材料吸收所引起的能量损耗。以氟化物玻璃为纤芯（LAF3）作以光照度和能量密度的分析，其折射率为 1.780 36，光谱的平均吸收率为 0.04%，每 10mm 光纤的透过率为 99.6%。不同波长光谱的吸收率不同，表 3-3 表明此类光纤对包含能量的近红外光（800nm 以上）具有相对较高的能量吸收率。

如图 3-15 所示，当入射光线的辐照密度为 9.0×10^5 W/m² 时，经过光纤传输到末端的辐照强度为 4.4×10^5 W/m²。能量传输模拟是通过导入光纤接受面 341.8W 的聚光能量，经过 3m 光纤的传输，末端输出能量仅为 48.7W，能量的传输效率仅为 14.2%。由此可以看出，LAF$_3$ 不太适合作为传能材料。

LAF3 对各种波长的光谱吸收率　　　　　　　　　　表 3-3

波长(μm)	吸收率	波长(μm)	吸收率
0.35	0.098 859	0.5	0.000 802
0.365	0.027 852	0.546	0.000 601
0.37	0.021 072	0.58	0.000 601
0.38	0.010 259	0.62	0.000 601
0.38	0.006 298	0.66	0.000 601
0.40	0.004 245	0.7	0.000 4
0.404	0.003 633	1.06	0.000 4
0.42	0.002 617	1.529	0.001 003
0.435	0.002 212	1.97	0.005 064
0.46	0.001 606	2.325	0.021 072

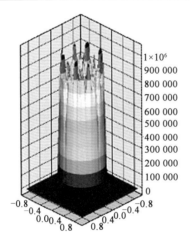
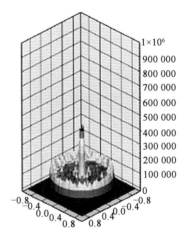

a) 光纤入射平面的光强分布　　　b) 光纤出射平面的光强分布

图 3-15　光纤进出截面的辐射强度

选用 B270 作传能材料时，虽然能量的透过率可以达到 80% 以上，但是光纤耦合面的温度不能大于 150℃。我们选用石英玻璃(SI)作为传能材料进行分析，当以 353.1W 的能量输入，在 3m 的末端能够获取 318.1W 的能量输出，理论的传输效率可以达到 90% 以上。

因此，在传光和传能的性能方面，光导纤维需要尽量避免来自于光纤壁面的吸收或泄漏，对于全反射的光纤芯层，降低材料对传输能量的吸收率，是提高光纤传输效率的关键因素。

3.5.6　人工光与自然光相结合的布灯方法

由于采用自然光隧道照明方式受到天气和早晚日照的影响，在实际隧道照明中往往采用自然光和人工光结合的隧道照明方法，从而可以大大地减少隧道耗电量，并减少维护成本。

具体布灯方法如下：

步骤一：按照白天照明方式对隧道每个照明段布灯，具体按下列步骤进行。

第1步，获取隧道宽度 W 和隧道外亮度 $L_{20}(S)$；测量隧道各照明段的长度，获得入口段的长度 D_1、过渡段1的长度 D_2、过渡段2的长度 D_3、过渡段3的长度 D_4、出入口段的长度 D_5 和中间段的长度 D_6，若没必要设置某个过渡段，则该过渡段的长度为零。

第2步，计算各照明段需要的照明光通量：

入口段需要的照明光通量 $G_入 = L \cdot K_入 \cdot F \cdot W \cdot D_1$

过渡段1需要的照明光通量 $G_{过1} = L \cdot K_{过1} \cdot F \cdot W \cdot D_2$

过渡段2需要的照明光通量 $G_{过2} = L \cdot K_{过2} \cdot F \cdot W \cdot D_3$

过渡段3需要的照明光通量 $G_{过3} = L \cdot K_{过3} \cdot F \cdot W \cdot D_4$

出入口段需要的照明光通量 $G_出 = 5B \cdot F \cdot W \cdot D_5$

中间段需要的照明光通量 $G_中 = B \cdot F \cdot W \cdot D$

上述六个式子中，$K_入$、$K_{过1}$、$K_{过2}$、$K_{过3}$ 分别表示入口段、过渡段1、过渡段2、过渡段3的折减系数，F 表示路面反射性能，B 表示中间段需要达到的亮度；D_1、D_2、D_3、D_4、D_5、D_6 分别表示入口段、过渡段1、过渡段2、过渡段3、出入口段、中间段的长度，W 表示隧道宽度，L 表示隧道外亮度。

第3步，对过渡段3进行白天照明布灯，若没必要设过渡段3，则直接做第4步。判断是否有能满足入口段、过渡段1、过渡段2、过渡段3所需要的照明光通量，且最大导光长度为 $D_1 + D_2 + D_3 + D_4$ 的第一太阳能导光光纤，若有该第一太阳能导光光纤，则从隧道入口段的入口处开始在隧道内铺设长 $D_1 + D_2 + D_3 + D_4$ 的所述第一太阳能导光光纤，以满足入口段、过渡段1、过渡段2、过渡段3所需要的照明光通量。

若没有该第一太阳能导光光纤，则对过渡段3进行LED照明灯白天照明布灯。

第4步，对过渡段2进行白天照明布灯，若没必要设过渡段2，则直接做第5步。判断是否有能满足入口段、过渡段1、过渡段2所需要的照明光通量，且最大导光长度为 $D_1 + D_2 + D_3$ 的第二太阳能导光光纤，若有该第二太阳能导光光纤，则从隧道入口段的入口处开始在隧道内铺设长 $D_1 + D_2 + D_3$ 的所述第二太阳能导光光纤，以满足入口段、过渡段1、过渡段2所需要的照明光通量。

若没有该第二太阳能导光光纤，则对过渡段2进行LED照明灯白天照明布灯。

第5步，对过渡段1进行白天照明布灯，若没必要设过渡段1，则直接做第6步。判断是否有能满足入口段、过渡段1所需要的照明光通量，且最大导光长度为 $D_1 + D_2$ 的第三太阳能导光光纤，若有该第三太阳能导光光纤，则从隧道入口段的入口处开始在隧道内铺设长 $D_1 + D_2$ 的所述第三太阳能导光光纤，以满足入口段、过渡段1所需要的照明光通量。

若没有该第三太阳能导光光纤，则对过渡段1进行LED照明灯白天照明布灯。

第6步,对入口段进行白天照明布灯。判断是否有能满足入口段所需要的照明光通量,且最大导光长度为 D_1 的第四太阳能导光光纤,若有该第四太阳能导光光纤,则从隧道入口段的入口处开始在隧道内铺设长 D_1 的所述第四太阳能导光光纤,以满足入口段所需要的照明光通量。

若没有该第四太阳能导光光纤,则对入口段进行LED照明灯白天照明布灯。

第7步,对中间段进行白天照明布灯。判断是否有能满足中间段、出口段所需要的照明光通量,且最大导光长度为 $D_5 + D_6$ 的第五太阳能导光光纤,若有该第五太阳能导光光纤,则从隧道出口段的出口处开始在隧道内铺设长 $D_5 + D_6$ 的所述第五太阳能导光光纤,以满足中间段、出口段所需要的照明光通量。

若没有该第五太阳能导光光纤,则对中间段进行LED照明灯白天照明布灯。

第8步,对隧道的出口段进行白天照明布灯。判断是否有能满足出口段所需要的照明光通量,且最大导光长度为 D_5 的第六太阳能导光光纤,若有该第六太阳能导光光纤,则从隧道出入口段的出入口处开始在隧道内铺设长 D_5 的所述第六太阳能导光光纤,以满足出入口段所需要的照明光通量。

若没有该第六太阳能导光光纤,则对出入口段进行LED照明灯白天照明布灯。

步骤二:按照晚上照明方式,对隧道内仅铺设太阳能导光光纤的照明段,按照中间段进行LED照明灯晚上照明布灯。

光纤分为两种:点发光光纤和线发光光纤。点发光光纤仅在发光终端发光,线发光光纤通长发光。

当选择的太阳能导光光纤为线发光光纤时,如果隧道内铺设了长 $D_1 + D_2 + D_3 + D_4$ 的第一太阳能导光光纤,则该第一太阳能导光光纤在给过渡段3提供照明光通量同时,也给入口段、过渡段1、过渡段2提供了一定的照明光通量,因此,在对过渡段2进行白天照明布灯时,过渡段2所铺设的光纤要考虑到第一太阳能导光光纤已经提供了的照明光通量,同理,在对其他照明段进行白天照明布灯时,都需要考虑已经铺设了的太阳能导光光纤提供的照明光通量。

当选择的太阳能导光光纤为点发光光纤时,由于点发光光纤仅在发光终端发光,因此各照明段铺设的太阳能导光光纤只对该照明段提供照明光通量,在对各照明段进行白天照明布灯时,只需要直接满足步骤一第2步中计算的照明光通量即可,步骤一中的第3~8步的顺序也可以颠倒互换。

所述进行LED照明灯白天照明布灯按下列步骤进行:

步骤一,获取隧道宽度 W、车道数及隧道内的照明高度 h_1 这些基础数据,在该照明高度 h_1 以下的隧道侧壁和路面均需要照明灯的光线照射。

步骤二,选择各个照明段的横向布灯方式,根据横向布灯方式确定所需照明灯的横向光束

角,并制作所需照明灯:

(1)隧道的中间段:

根据隧道的宽度 W 与隧道内的照明高度 h_1 选择横向布灯方式,根据横向布灯方式确定所需照明灯的横向光束角 θ_1。

(2)隧道的入口段、过渡段和出口段:

采用双边对称加中间布灯方式,确定中间照明灯的安装高度 $h_{中}$,根据隧道宽度 W、照明高度 h_1 和中间照明灯安装高度 $h_{中}$,确定双边对称加中间布灯方式下中间照明灯的中灯横向光束角 $\theta_{3中}$。

确定两侧照明灯安装高度 $h_{边}$,根据隧道宽度 W、照明高度 h_1 和两侧照明灯安装高度 $h_{边}$,确定双边对称加中间布灯方式下两侧照明灯的侧灯横向光束角 $\theta_{3边}$。

根据所述中灯横向光束角 $\theta_{3中}$ 制作中间所需照明灯,根据所述侧灯横向光束角 $\theta_{3边}$ 制作两侧所需照明灯。

步骤三,确定照明灯纵向光束角 ψ 和隧道纵向布灯间距 s。

所述进行 LED 照明灯晚上照明布灯按下列步骤进行:

步骤一,获取隧道宽度 W、车道数及隧道内的照明高度 h_1 这些基础数据,在该照明高度 h_1 以下的隧道侧壁和路面均需要照明灯的光线照射。

步骤二,根据隧道的宽度 W 与隧道内的照明高度 h_1 选择横向布灯方式,根据横向布灯方式确定所需照明灯的横向光束角 θ_1。

步骤三,确定照明灯纵向光束角 ψ 和隧道纵向布灯间距 s。

白天照明时,铺设有太阳能导光光纤的照明段由太阳能导光光纤提供所需的照明光通量,其他照明段由 LED 照明灯提供所需照明光通量。黎明、黄昏和其他隧道外亮度较低,仅由太阳能导光光纤照明不能满足铺设有太阳能导光光纤的照明段的照明光通量时,调节该照明段的 LED 照明灯,使该照明段的照明光通量满足照明需求。晚上照明时,太阳能导光光纤不能提供光通量,整个隧道照明由各照明段的 LED 照明灯提供,调节各照明段的 LED 照明灯,使各照明段的照明光通量满足中间段所需照明光通量。

3.6 隧道照明节能控制方法

3.6.1 控制原理

隧道照明是为了给使用者提供一定的舒适性和安全度,保证行驶车辆以设计速度安全顺畅地接近、穿越和通过隧道。隧道照明最根本的要求是:满足驾驶员视觉要求,满足人眼适应曲线。隧道控制的一般原理同样是:满足驾驶员视觉要求,如图 3-16 所示。

图 3-16　照明控制一般原理图

隧道照明节能控制原理，即是在一定隧道条件下，不同运营工况及外部环境条件下最优计算隧道照明需求并实时精确控制照明输出的方法。这主要包含了两个方面的内容：一是照明需求的最优化计算；二是实时精确的照明控制输出。

照明需求的最优化计算实际是要满足规范的要求，是对现有规范的执行。设计中以交通量、车速参数为基础，设计参数一般考虑了远期的照明需求，目前也有采用分期实施的做法。实际应用中，刚建成的隧道交通量小，隧道的实际照明大大超过了最佳的照明需求，造成了电能的浪费。我们经常可以看到"洞内亮度大于洞外"的奇怪现象，这并非运营管理公司管理不当的问题，实际上是缺少智能化的控制手段消除这种现象。尽管个别厂家研发了调光的产品，但系统结构、性价比、控制精度等方面值得商榷。

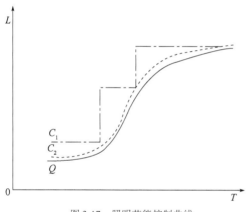

图 3-17　照明节能控制曲线
Q-照明计算需求曲线；C_1-传统分级照明供给控制曲线；C_2-节能照明控制供给控制曲线

实时精确的照明控制输出实际是理论与实际的有效结合，实现一种结构简单、可靠性高、性价比高、控制精度高的照明系统。

实时精确的照明控制输出对于节能的一般原理，如图 3-17 所示（x 轴为时间 T，y 轴为亮度需求 L）。传统的分级控制方式（曲线 C_1）照明亮度等级少，控制响应及调整频率低，造成能源浪费。动态调光方式整个照明控制输出接近平滑曲线，可以快速响应跟踪照明需求曲线，可以得到最优的控制效果并能够达到节能的目的。

实时精确的照明控制输出即动态调光系统的实现，依赖于可调光灯具、通信接口等硬件的支持。硬件方面，可调光白光 LED 灯具、可调光高压钠灯整流器等硬件已经得到较成熟的工程应用，性能稳定可靠，硬件上已经完全可以支持该系统的实现。

3.6.2　隧道照明节能控制算法

隧道照明节能控制算法外部结构如图 3-18 所示。影响照明控制的输入因素复杂，实际主要因素归纳为：交通量、洞外亮度、时间因素、外部事件。交通量的不同对照明需求是不同的，交通量越大，平均车速越快，对照明的需求也就越大。洞外亮度越大造成洞内洞外亮度比加大，随之照明需求加大。时间因素、外部事件因素主要包含交通事故、隧道火灾、隧道维护、时序控制、人工外部指令等对照明输出结果的控制及影响。

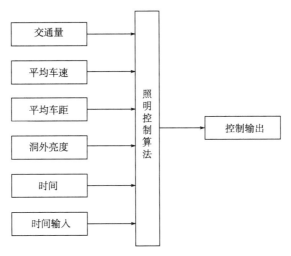

图 3-18 算法外部结构框图

1) 照明节能控制算法构成

照明节能控制算法具有综合性、系统性的结构,针对不同的应用情况和环境使用不同的算法构件,每个算法构件都有自己独立响应及触发条件(表 3-4)。照明节能控制算法系统性运用可以发挥出最大的控制效能。

照明节能控制算法构成表　　　表 3-4

序号	构件	功能及响应条件	优先级	备注
1	手动控制	手动功能	4	最高
2	事件响应	事故等紧急照明预案输出	3	
3	自动控制	依据洞外照度及交通量等	2	
4	模拟自动	传感器掉线或损坏	1	
5	时序控制	传感器掉线或损坏	0	最低

2) 手动控制

手动控制优先级最高,控制输出直接响应手动操作,手动方式可以直接控制照明输出亮度。进行手动控制操作时将不响应其他控制算法构件给出的控制数据,但手动操作与其他常规算法输出的控制数据严重背离时系统应给出警告提示。

3) 事件响应

事件响应控制方式主要用于紧急情况的照明预案的响应,控制系统将接受其他系统事件数据实现照明系统与其他系统的控制联动,如火灾、交通事故等事件信息发出后,照明系统将根据事件调用紧急照明预案不再响应低优先级的控制算法给出的控制数据。横通道的照明控制也属于事件响应的范畴,通过事件触发条件对照明进行控制。此外,某些紧急情况下,当现场调光控制器与上位控制系统通信中断时,控制器将自动转入最大功率输出模式,保证照明系统安全可靠。

4) 自动控制算法

自动控制算法为照明节能控制算法的主要组成部分,是控制系统默认控制算法。算法原理:依据交通量及洞外亮度建立洞内亮度理论需求曲线,然后根据洞内亮度理论需求曲线进行灯具的动态调光控制。整个照明控制输出接近平滑曲线,可以快速响应跟踪照明需求曲线,可以得到最优的控制效果并能够达到节能的目的。

隧道照明设计分为以下几个区段:入口段、过渡段、中间段、出口段。因此,自动控制算法中进行隧道照明理论需求曲线 L 的计算采用分段方式进行计算。将计算结果输出到控制接口进行输出。入口段、中间段、出口段为亮度需求直线,相应灯具为整体分级对数调光(对数调光曲线利用了人眼对低照度光比较敏感的特点,使整个调光区域看起来都像是线性调节)。过渡段为亮度需求曲线,相应灯具为单灯分级对数调光。自动控制算法通常采用时间触发条件,每 5~10min 重新读取洞外亮度、交通量等参数重新进行照明需求计算。

5) 模拟自动控制算法

模拟自动控制算法实际上是对所在地进行每一时刻的洞外理论最大照度模拟,根据模拟值导出隧道照明需求,据此进行照明控制输出。此外进行洞外理论最大照度模拟可以对洞外亮度传感器采集数值的工作情况进行监视与校核,防止在自动控制模式下因为亮度传感器异常而导致照明控制输出失控。

模拟自动控制算法通常适用于白天的应急控制方式,控制触发条件主要是传感器信号丢失或传感器信号严重异常的情况下。同时通过这个算法可以准确计算出所在地任一天的日出日落时刻,也为时序控制等控制方法提供了数据依据。

洞外理论最大照度模拟的算法原理:模拟实体隧道所在地每年每天每时刻的理论最大照度,而地面上实际照度必然会受阴雨天、云层、隧道朝向、地形等因素的影响而衰减,然后通过对理论最大照度进行衰减最终得到照度模拟值。

6) 时序控制

时序控制是最简洁直接的控制方法,控制不需要复杂的计算。但同样时序控制的节能效率也是最低的。控制输出与照明实际需求容易存在较大偏差,因此时序通常主要用于夜间的控制输出,另外一些紧急情况下也可以采用这种控制方式。在照明节能控制算法中仍然保留这一控制算法主要是用于增加系统可靠性,即使完全脱离传感器或主控制器时控制系统也不至于瘫痪。

时序控制的具体实施方法是,在控制系统中根据照明需求经验值建立控制输出时刻表单,以时间作为控制触发条件控制输出量。

7）控制软件

软件结构系统框图如图 3-19 所示。

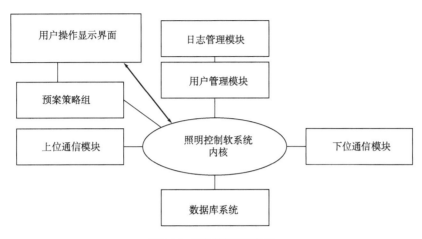

图 3-19　软件结构系统框图

软件主要功能目标要求如下：

（1）图形化显示

隧道平面图上显示每盏灯具的位置，方便对灯具操作、监视、查询。

（2）与上位通信，进行照明控制

根据上位机的指令实时控制 LED 灯亮度，各灯组的状态查询等。

（3）可预置的照明策略、照明预案

预置照明策略、照明预案，可以通过现场调用照明策略、照明预案，也可以由上位机进行的远程调用，有助于照明指令的迅速准确发布。

（4）允许现场手动进行照明控制

图形化控制界面，触摸操作，允许现场进行照明控制，方便照明维护及检修。

（5）用户管理

可以实现用户设置、用户管理、权限管理等功能。

（6）数据库功能

系统内建数据系统，可以实时采集并记录照明控制信息及相关数据。设置有数据查询界面，方便数据的查询调用，允许远程数据访问。

（7）紧急状况处理

紧急状态下，如上位通信中断，软件可以按照既定设置的照明策略（时序控制、全亮等）进行控制。

3.6.3　闭环反馈智能控制模型

隧道照明智能控制是在通过监测隧道内的交通量、车速和洞外亮度因素后，确定这些因素与洞内亮度之间的关系，通常这一关系是一动态实时的变化关系，隧道内各段亮度应该根据这一变化关系实时调节，这种实时调节可以通过隧道照明闭环反馈智能控制方式实现，以下是该控制方式的基本步骤：

步骤一，根据交通量 Q 确定公路隧道的基本段理论光照亮度 L_5。

在公路中安装交通量检测仪，每经过间隔时间 t 获取当前交通量 Q，当交通量为 $700 \leqslant Q \leqslant 2400$ 时，3 000m 以上的隧道基本段亮度系数 X 取 80%，从而得如下基本段理论光照亮度 L_5 与交通量的关系式：

$$L_5 = X\left(2.5 + \frac{2Q - 1\,400}{1\,700}\right) \tag{3-21}$$

若隧道长度 $L \geqslant 3\,000\text{m}$，取 $X = 0.8$；否则，$X = 1$。

若 $Q > 2400\text{veh/h}$，取 $Q = 2400\text{veh/h}$，若 $Q < 700\text{veh/h}$，取 $Q = 700\text{veh/h}$；但无论隧道多长，只要 $Q > 2400\text{veh/h}$，则取 $X = 1$。

步骤二，判断白天和黑夜。

在隧道外安装亮度检测仪，并设定白天和黑夜的亮度分界点 L_c：

$$L_c = \frac{1.25L_5}{k} \tag{3-22}$$

式中：L_5——洞内基本段的理论光照亮度；

k——通过交通量 Q 推算出的入口段折射系数，$k = 0.035 - 0.01 \times (2400 - Q)/1700$。

定时获取当前时段内隧道外的光照亮度 L_0，比较 L_0 与亮度分界点 L_c，如果 L_0 大于 L_c，则判断为白天；如果 L_0 小于或等于 L_c，则判断为黑夜。

当判断为白天时，隧道亮度的控制方式是按下列步骤进行：

第 1 步，将公路隧道设置六个照明路段，即入口段、过渡段 1、过渡段 2、过渡段 3、基本段和出口段，当过渡段 3 与基本段之间的亮度之比小于或等于 1.25 时，取消过渡段 3，成为五个照明路段。

每个照明区段都安装亮度检测仪，以当前时段内隧道外的光照亮度 L_0、交通量 Q 和入口段折射系数 k 为基准，推算出每个路段的理论光照亮度 L_1、L_2、L_3、L_4、L_5、L_6。

获取第一段，即入口段的理论光照亮度 $L_1 = k \times L_0$；

获取第二段，即过渡段 1 的理论光照亮度 $L_2 = 0.3k \times L_0$；

获取第三段，即过渡段 2 的理论光照亮度 $L_3 = 0.1k \times L_0$；

获取第四段，即过渡段 3 的理论光照亮度 $L_4 = 0.035k \times L_0$；

获取第五段，即所述基本段理论光照亮度 L_5；

获取第六段，即出口段的理论光照亮度 $L_6 = 5L_5$；

第 2 步，获取当前时段的实际亮度。

利用隧道内各照明路段的亮度检测仪获取当前时段内各路段的实际亮度值:L_1'、L_2'、L_3'、L_4'、L_5'、L_6'。

第 3 步,得出当前时段内各路段的实际亮度差值 ε。

$\varepsilon_1 = L_1 - L_1'$;

$\varepsilon_2 = L_2 - L_2'$;

$\varepsilon_3 = L_3 - L_3'$;

$\varepsilon_4 = L_4 - L_4'$;

$\varepsilon_5 = L_5 - L_5'$;

$\varepsilon_6 = L_6 - L_6'$。

第 4 步,连续测得各路段 $j+n$ 个时间点的实际亮度差值 ε,并排成序列 ($\varepsilon_1,\varepsilon_2,\varepsilon_3,\varepsilon_4,\cdots,\varepsilon_j,\varepsilon_{j+1},\cdots,\varepsilon_{j+n}$),预测下一个时间点的实际亮度差值 ε_{j+n+1},预置第 $j+n+1$ 时间点各路段的亮度值,使第 $j+n+1$ 时间点各路段的实际亮度趋近于理论光照亮度 L。

(1)设定时间段 T,在该时间段 T 内,每经过所述间隔时间 t 检测一次,连续测得各路段 $j+n$ 个时间点的实际亮度差值 ε,并排成序列 ($\varepsilon_1,\varepsilon_2,\varepsilon_3,\varepsilon_4,\cdots,\varepsilon_j,\varepsilon_{j+1},\cdots,\varepsilon_{j+n}$),然后分别以 $\varepsilon_1,\varepsilon_2,\cdots,\varepsilon_n$ 为起点,在所述实际亮度差值序列中连续取 $j+1$ 个实际亮度差值组成各路段的 n 个实际亮度差值数据组,如下式表示:

$$[\varepsilon_1,\varepsilon_2,\varepsilon_3,\cdots,\varepsilon_{j+1}]$$
$$[\varepsilon_2,\varepsilon_3,\varepsilon_4,\cdots,\varepsilon_{j+2}]$$
$$\cdots\cdots$$
$$[\varepsilon_n,\varepsilon_{n+1},\varepsilon_{n+2},\cdots,\varepsilon_{j+n}] \tag{3-23}$$

(2)所述每个实际亮度差值数据组的前 j 个实际亮度差值作为输入值,组成输入数组,第 $j+1$ 个实际亮度差值作为输出值,该输入数组与输出值组成一个数据对,共获得 n 个数据对,如下式表示:

$$([\varepsilon_1,\varepsilon_2,\varepsilon_3,\cdots,\varepsilon_j];\varepsilon_{j+1})$$
$$([\varepsilon_2,\varepsilon_3,\varepsilon_4,\cdots,\varepsilon_{j+1}];\varepsilon_{j+2})$$
$$\cdots\cdots$$
$$([\varepsilon_n,\varepsilon_{n+1},\varepsilon_{n+2},\cdots,\varepsilon_{j+n-1}];\varepsilon_{j+n}) \tag{3-24}$$

(3)获取所述实际亮度差值序列 ($\varepsilon_1,\varepsilon_2,\varepsilon_3,\varepsilon_4,\cdots,\varepsilon_j,\varepsilon_{j+1},\cdots,\varepsilon_{j+n}$) 的最大实际亮度差值 $\varepsilon_{\max}$ 和最小实际亮度差值 $\varepsilon_{\min}$;

所述 n 个数据输入值均在 $[\varepsilon_{\min},\varepsilon_{\max}]$ 范围内,将 $[\varepsilon_{\min},\varepsilon_{\max}]$ 均匀划分为 $2G+1$ 个输入子区间,各输入数组分别选择相对应的 G,G 为任意正整数。

所述 n 个数据输出值均在 $[\varepsilon_{\min},\varepsilon_{\max}]$ 范围内,将 $[\varepsilon_{\min},\varepsilon_{\max}]$ 均匀划分为 $2M+1$ 个输出子区间,各输出值分别选择相对应的 M,M 为任意正整数。

(4) 在第 i 个输入数组 $[\varepsilon_i, \varepsilon_{i+1}, \varepsilon_{i+2}, \cdots\cdots, \varepsilon_{i+j-1}]$ 的 $2G+1$ 个输入子区间上获得所述第 i 个输入数组中每个输入值的输入最大隶属度 $\mu_i(\varepsilon_i), \mu_{i+1}(\varepsilon_{i+1}), \mu_{i+2}(\varepsilon_{i+2}), \cdots\cdots, \mu_{i+j-1}(\varepsilon_{i+j-1})$；

将所述第 i 个输入数组中每个输入最大隶属度 $\mu_i(\varepsilon_i), \mu_{i+1}(\varepsilon_{i+1}), \mu_{i+2}(\varepsilon_{i+2}), \cdots\cdots, \mu_{i+j-1}(\varepsilon_{i+j-1})$ 相乘，得到第 i 个输入置信度 μ_o^i，由下式表示：

$$\mu_o^i = \prod_{k=i}^{i+j+1} \mu_k(\varepsilon_k) \tag{3-25}$$

在第 i 个输出值 ε_{i+j} 的 $2M+1$ 个输出子区间上获得所述第 i 个输出值的输出最大隶属度对应的中值 $\bar{y}^i$，所述第 i 个输入置信度 μ_o^i 与所述第 i 个输出最大隶属度对应的中值 $\bar{y}^i$ 相乘得到第 i 个积 S_i，由下式表示：

$$S_i = \mu_o^i \bar{y}^i \tag{3-26}$$

(5) 将 n 个输入置信度 μ_o^i 相加得输入置信度总和 μ_o，由下式表示：

$$\mu_o = \sum_{i=1}^{n} \mu_o^i \tag{3-27}$$

将 n 个 S_i 相加得中心模糊亮度差值 S，由下式表示：

$$S = \sum_{i=1}^{n} \mu_o^i \bar{y}^i \tag{3-28}$$

(6) 由 S 与 μ_o 的比值获得第 $j+n+1$ 个时间点的预测亮度差值 ε^{j+n+1}，由下式表示：

$$\varepsilon^{j+n+1} = \frac{S}{\mu_o} \tag{3-29}$$

获得入口段第 $j+n+1$ 个时间点的预测亮度差值 ε_1^{j+n+1}，过渡段1第 $j+n+1$ 个时间点的预测亮度差值 ε_2^{j+n+1}，过渡段2第 $j+n+1$ 个时间点的预测亮度差值 ε_3^{j+n+1}，过渡段3第 $j+n+1$ 个时间点的预测亮度差值 ε_4^{j+n+1}，基本段第 $j+n+1$ 个时间点的预测亮度差值 ε_5^{j+n+1}，出口段第 $j+n+1$ 个时间点的预测亮度差值 ε_6^{j+n+1}。

在第 $j+n+1$ 时刻前，预先对隧道内的亮度进行调整，在第 $j+n+1$ 时刻，将所述各路段的预测亮度差值 ε_1^{j+n+1}、ε_2^{j+n+1}、ε_3^{j+n+1}、ε_4^{j+n+1}、ε_5^{j+n+1}、ε_6^{j+n+1} 预调入隧道内各个段落的照明亮度中，使隧道内各个段落的照明亮度趋近于理论照明亮度 L。

按照同样的方法，调节照明灯亮度使第 $j+n+1$、$j+n+2$、$j+n+3$、……个时间点隧道内各段的实际亮度均趋近于理论光照亮度 L，即使任意时间点隧道内各段的实际亮度均趋近于对应的理论光照亮度 L。

当判断为黑夜时，隧道亮度的控制方式是按下列步骤进行：

第1步，将公路隧道设置一个照明路段，即基本段；其理论光照亮度 $L = 4.5\Delta k$。

Δk 代表调光控制系数：假设 $Q = 700 \sim 2\,400 \text{veh/h}$ 时，Δk 采用内插；当 $Q \geq 2\,400 \text{veh/h}$ 时，$\Delta k = 1$；$Q \leq 700 \text{veh/h}$ 时，$\Delta k = 0.5/X$。故可推得如下 Δk 计算公式：

$$\Delta k = 1 - \frac{2400 - Q}{1700}\left(1 - \frac{0.5}{X}\right) \tag{3-30}$$

若隧道长度 $L \geqslant 3000\mathrm{m}$, $X = 0.8$, 否则, $X = 1$。

第2步,获取当前时段的实际亮度;利用隧道内亮度检测仪获取当前时段内的实际亮度值 L'。

第3步,得出当前时段内的实际亮度差 ε, $\varepsilon = L - L'$。

第4步,夜间隧道亮度的调整方法与白天隧道基本段的照明亮度调整方法相同,利用隧道当前某一时段内间隔相同时间的连续 $j+n$ 个时间点的实际亮度差值序列(ε^1, ε^2, ε^3, ε^4, ……, ε^j, ε^{j+1}, ……, ε^{j+n}),预测下一个时间点的亮度差值 ε^{j+n+1},预先对第 $j+n+1$ 时间点隧道内亮度进行调整,在第 $j+n+1$ 时刻,将所述预测亮度差值 ε^{j+n+1} 预调入隧道内各个段落的照明亮度中,使第 $j+n+1$ 个时间点隧道内的实际亮度趋近于理论光照亮度 L。

按照同样的方法,调节照明灯亮度使第 $j+n+1$、$j+n+2$、$j+n+3$、……个时间点隧道内的实际亮度趋近于理论光照亮度 L,即使任意时间点隧道内的实际亮度均趋近于对应的理论光照亮度 L。

照明自动控制是根据洞外亮度和交通量的实时变化,自动调节照明灯的功率,使在满足运营要求的条件下,照明功耗最少。

长大沉管隧道均采用LED照明技术,可以采用调幅或调流技术,对LED灯实现无级照明控制,可以为隧道照明自适应控制,实现更有效的节能提供了硬件的主要支持。

所述间隔时间 t 为10min或5min,所述亮度检测仪每10min或5min进行一次亮度检测和交通量 Q 的读取。定时读取亮度和交通量信息,可以减少控制系统的运算量。

这种智能控制方式通过交通量检测仪将车流量发送给主控制器,通过亮度检测仪将实际亮度发送给主控制器,主控制器根据当前车流量和隧道照明亮度预测下一时刻隧道的照明亮度差值,通过主控制器预先对隧道内各段LED的电源进行调幅或调流控制,从而对隧道内各段道路亮度分别进行模糊控制。该方法既能根据外部光线对隧道内部照明灯亮度预先进行调控,使隧道内任一时间点亮度都趋近于理论光照亮度 L,又能达到高效节能的技术效果。

3.6.4 自然光与人工光照明相结合的控制方案

根据3.5.6所述的自然光和人工光结合的隧道布灯方法,确定自然光和人工光的隧道照明控制方法,以期达到充分利用太阳能并满足隧道各照明段的照明光通量,大大地减少隧道耗电量的研究目的。

隧道照明控制方法,可按下列步骤进行:

步骤一:确定隧道各照明段的布灯方式。

布灯方式有两种:第一种,仅布有LED照明灯;第二种,布有LED照明灯,还铺设有太阳能导光光纤。

步骤二:实时检测隧道中各照明段的照明光通量。

步骤三:判断中间段的照明光通量是否小于中间段的所需照明光通量。

若小于,则调节中间段的LED照明灯,使中间段的照明光通量等于中间段的所需照明光通量;如不小于,则进入步骤四。

步骤四:分别判断隧道中除中间段外,其他照明段的照明光通量是否小于各照明段对应的所需照明光通量。

若有照明段的照明光通量小于该照明段的所需照明光通量,则进入步骤五;若各照明段的照明光通量都不小于各照明段对应的所需照明光通量,则回到步骤二。

步骤五:计算除中间段外采用第二种布灯方式的照明段中太阳能导光光纤提供的照明光通量。

步骤六:分别判断除中间段外采用第二种布灯方式的各照明段中太阳能导光光纤提供的照明光通量是否小于中间段的照明光通量。

若有照明段的太阳能导光光纤提供的照明光通量小于中间段的照明光通量,则调节该照明段中LED照明灯的照明光通量,使该照明段的照明光通量等于中间段的照明光通量。

调节照明段中LED照明灯的照明光通量有两种情况:将LED照明灯的照明光通量增大、将LED照明灯的照明光通量降低。

隧道中各照明段在晚上的照明光通量应等于中间段的照明光通量,因此从黄昏到晚上过渡的这段时间,隧道外亮度逐渐降低趋近于0,太阳能导光光纤提供的照明光通量也随之逐渐降低趋近于0,小于中间段的照明光通量,需要增加LED照明灯的照明光通量来补充。反之,从晚上到黎明过渡的这段时间,随着隧道外亮度逐渐增加,太阳能导光光纤的照明光通量逐渐变大,需要减少LED照明灯的照明光通量来使照明段的照明光通量等于中间段的照明光通量。

若除中间段外的采用第二种布灯方式的各照明段中,太阳能导光光纤提供的照明光通量都不小于中间段的照明光通量,则进入步骤七。

步骤七:按照各照明光通量理论值,调节除中间段外其余仅布有LED灯照明段的照明光通量;返回到步骤二。

隧道各照明段的所需照明光亮度即照明光亮度设计值,应符合以下变化规律:中间段≤过渡段3≤过渡段2≤过渡段1≤入口段,且中间段≤出口段。

可以看出,中间段是所有照明段中所需照明光亮度最低的。确定隧道中间段的所需照明光亮度是一个定值,不会随隧道外亮度的变化而变化,当中间段的所需照明光亮度确定后,调节中间段的LED照明灯,使中间段的照明光亮度等于所需照明光亮度,不管中间段采用的是哪种布灯方式,保持中间段的照明光亮度恒定为该照明段所需照明光亮度。当隧道外亮度趋近于0时，隧道各照明段的所需照明光亮度全部等于中间段所需照明光亮度。而太阳能导光光纤为隧道提供的照明光亮度能随隧道外的亮度自适应的变化，对于隧道内所需照明光亮度的不足部分，通过调节隧道内的LED照明灯补充，自然光和人工光结合的隧道照明控制方案依照这个原理来设计。

当照明段的照明光亮度不小于该照明段的所需照明光亮度时，表明隧道外亮度比较高，此时采用第二种布灯方式的照明段的照明光通量由太阳能导光光纤提供照明，采用第一种布灯方式的照明段的照明光通量由LED照明灯提供照明。

当照明段的照明光亮度小于该照明段的所需照明光亮度时，表明隧道外亮度比较低，各照明段的所需照明光亮度也随着隧道外亮度降低，采用第二种布灯方式的照明段的太阳能导光光纤此时提供的照明光通量也相应降低。

若太阳能导光光纤提供的照明光亮度不小于中间段照明光亮度，表明太阳能导光光纤提供的照明光通量仍然满足对应照明段的所需照明光通量，此时除中间段外采用第一种布灯方式的照明段的所需照明光通量也降低，因此调整这些照明段的LED照明灯的照明光通量，使之与相邻靠前的照明段的照明光亮度一致。

若太阳能导光光纤提供的照明光亮度小于中间段照明光亮度，表明太阳能导光光纤提供的照明光通量已不能满足对应照明段的所需照明光通量，甚至连隧道照明段的最低照明光通量，即中间段的照明光通量也不能满足，此时就需要调节该照明段的LED照明灯的照明光通量来补充，使太阳能导光光纤和LED照明灯提供的照明光通量满足该照明段的最低照明光通量（即中间段的照明光通量）。

第4章 海上人工岛节能减排关键技术

4.1 海上人工岛太阳能海水源热泵技术

4.1.1 研究现状

1) 可再生能源技术利用优势

《中华人民共和国节约能源法》中明确规定"国家鼓励开发、利用新能源和可再生能源",用太阳能及浅层地热能作为热泵的低位冷、热源,不仅符合政府倡导的能源发展方向,而且由于其自身的优点及显著的节能效果,可望成为沿海地区今后高效节能技术发展的重要方向之一。

海水作为热泵冷、热源应用于实际工程在国外已有20多年的历史,国内的海水源热泵处于工程示范阶段。相关研究及运行试验测试表明:海水源热泵具有诸多优势,但由于海水净化及换热器部分投资较大,且安装场地会受到实际条件的限制,同时用户端的冷热负荷通常不断波动和变化,在这样的工况下设计海水源热泵势必造成换热器体积庞大且成本较高。因此,可考虑采用辅助热源(如太阳能),分析太阳能与海水能作为热泵的低位热源进行供暖与供冷的可行性,研究系统联合运行的最佳方式及配置策略。

(1) 太阳能资源

太阳每年辐射到地球表面的能量巨大,约为 50×10^{18} kJ,相当于目前全世界能量消耗的1.3万倍,可利用潜力巨大,而且利用太阳能不会对地球的热平衡产生任何影响,可以说太阳能是取之不尽、用之不竭的一种绿色环保能源。我国拥有丰富的太阳能资源(表4-1)。据统计,每年中国陆地接收的太阳辐射总量相当于24 000亿吨标准煤,全国总面积2/3地区年日照时间都超过2 000h,这就为在热泵系统中利用太阳能提供了有利的地域优势。

我国太阳能资源分布　　　　表4-1

类型	地　区	年日照时间 (h)	年总辐射量 [kcal/(cm²·年)]	标准煤当量 [kg/(m²·年)]
1	宁夏北部、甘肃北部、新疆东南部、青海西部、西藏西部	2 800~3 300	160~240	225~335
2	河北西北部、山西北部、内蒙古、宁夏南部、甘肃中部、青海东部、西藏东南部、新疆南部	3 000~3 200	140~160	200~225

续上表

类型	地 区	年日照时间(h)	年总辐射量[kcal/(cm²·年)]	标准煤当量[kg/(m²·年)]
3	山东、河南、河北东南部、山西南部、新疆北部、吉林、辽宁、云南、陕西北部、甘肃东南部、广东南部、福建南部、江苏北部、安徽北部、台湾、北京、天津	2 200~3 000	120~140	170~200
4	湖南、广西、江西、浙江、湖北、福建北部、广东北部、陕西南部、江苏南部、安徽南部、黑龙江、上海	1 400~2 200	100~120	140~170
5	四川、贵州	1 000~1 400	80~100	115~140

港珠澳跨海大桥的东、西人工岛位于广东南部,属于第3类太阳能资源区,太阳能年日照时间适中,太阳能年总辐射量十分可观。

(2)海水低位热源

我国东临太平洋,辖渤海、黄海、东海、南海及6 500多个岛屿,海岸线长达1.8万km,海岛岸线总长约1.4万km,因此对于我国各沿海地区来说,其海洋资源极为丰富。目前我国沿海城市冬季供暖还主要依靠燃煤、燃油锅炉,夏季供冷主要是制冷机加冷却塔系统,采用这种传统的供暖供冷方式不仅使得沿海城市的大气环境污染日益严重,同时也加剧了能源供应结构与需求的矛盾,因此需要寻找清洁的、可再生的能源来满足沿海地区日益增长的空调需求。沿海地区丰富的可再生能源无疑是海水资源,因此海水源热泵空调系统将是今后沿海城市空调方式的一个重要发展方向。

表4-2给出了我国各海区海水温度在不同月份的变化情况。从表中可以看出,我国各海区水温随时间的变化较为缓慢,在水下50m处几乎不受外界气温变化的影响,温度较为恒定。港珠澳跨海大桥的东、西人工岛位于南海海区,该海区范围内各沿海城市全年需要供生活热水,夏季需要供冷,冬季部分时间供热。在供热季海水温度高于室外空气温度,在供冷季海水温度则低于室外空气温度,并且随着海水深度的增加,海水温度变化具有时间上的延迟性,因此海水作为热泵冷、热源可以获得较高的运行效率。

我国各海区典型月份不同深度处的海水温度   表4-2

月份	深度(m)	海水温度(℃)		
		黄海、渤海	东海	南海
2	25	0~13	9~23	17~27
	50	5~12	11~23	19~26
	100		14~21	18~22
5	25	6~11	10~26	23~29
	50	5~13	12~25	22~27
	100		14~24	19~22

续上表

月份	深度(m)	海水温度(℃)		
		黄海、渤海	东海	南海
8	25	8~25	20~28	21~29
	50	7~16	15~27	21~29
	100		14~26	18~22
11	25	12~19	20~26	22~28
	50	9~20	20~25	24~28
	100		17~25	20~22

2)太阳能与海水源联合利用的优势

位于夏热冬暖气候区域内的沿海城市全年需要供热水,夏季需要供冷,部分时间需要供热,而沿海地区不仅海水资源丰富,而且海水的温度特性也适宜作为空调系统的冷、热源。目前,利用太阳能的供暖系统和热水供应系统在建筑中已有较广泛的应用,但太阳能与海水热能虽然各自都具有较多的优势,但也存在不足。

对于太阳能来说,虽然到达地球表面的太阳能总量很大,但是其在地球表面的能流密度极低。据统计,北回归线附近夏季晴天中午的太阳辐射最强,可达 $1.1 \sim 1.2 kW/m^2$,冬季大约只有一半,阴天约有1/5。同时太阳能因受昼夜、季节、纬度和海拔高度等自然条件的限制和阴雨天气等随机因素的影响,存在较大的间歇性及不稳定性。因此,要利用太阳辐射能,不仅需要较大的集热面积,而且还需要有蓄热装置,使得初期设备投资增加,限制了其推广应用。对于海水热能来说,由于海水的性质及海水温度随地区及季节的变化,增加了海水换热器的设计难度。

若按年最低海水温度进行设计,无疑将增加设备容量和管道尺寸,增加运行费用,使设备利用率及运行效率得不到充分发挥。研究数据表明,当冬季热源水温低于15℃或夏季冷源水温高于35℃时,都将使水源热泵机组的运行费用大幅增加,很难达到节能的目的。因此为保证冬季海水源热泵的性能,必须设置辅助加热装置,以补充热量使海水进水温度升至15℃以上,此辅助加热装置可采用太阳能加热器。一方面,由于海水具有蓄能、稳定性及延迟性的特点,可以作为太阳能的蓄热装置,储存热量以供太阳能不充足时使用,同时减小了太阳能集热器的尺寸。另一方面,由于太阳能的辅助供热作用,可适当提高海水最低设计温度,这样就会相应地降低设备的设计容量,最终实现降低运行费用,达到真正的节能。同时,因为联合运行的互补作用,还使得热泵运行时蒸发温度及冷凝温度波动不大,可使热泵运行稳定。因此,两种可再生能源的热泵系统联合运行可提高综合能效比,是一种适宜于海上人工岛冷热供应的最优方案。

4.1.2 应用现状

太阳能利用是可再生能源科技发展最为活跃的领域,太阳能利用的研究领域具有如下

特点:

(1)太阳能利用的多学科交叉特点。太阳能利用与物理、化学、光学、电学、机械、材料科学、建筑科学、生物科学、控制理论、数学规划理论、气象学等学科有着密切联系,是综合性强、学科交叉特色鲜明的研究领域。在多学科交叉研究过程中,还可能形成新的学科和研究方向。

(2)太阳能利用向高效化和低成本化发展。由于太阳能能量密度低,且因阴晴雨雪和昼夜、季节变化存在间歇性,同时能量转换设备复杂多样,必须通过提高效率来实现太阳能的经济利用和规模利用,因此提高转换效率一直是研究的重点。而转换效率的提高与热力学第二定律的极限效率有关。另外,在现有技术条件下,通过采用廉价的材料、简便的工艺流程实现效率不降低的低成本化太阳能利用也是研究的重要方向。

(3)太阳能利用研究存在多技术路径相互竞争、相互补充。无论是太阳能发电还是太阳能制冷,都可通过多种技术路径实现。以太阳能制冷为例,存在吸收、吸附、固体除湿、液体除湿等多条技术路径。这些路径之间存在一定的竞争关系,但不是简单的竞争关系,它们各有特点,应用场合各有不同,相互之间具有互补作用。因此,应鼓励多种技术路径的研究。

(4)太阳能利用多个环节相互匹配、优化。从太阳能的收集、到蓄存、再到利用,存在时间上、空间上、容量上的差异。根据应用的不同,如使用量、能量使用品位、稳定性、经济性等,需要通过工作参数、技术路径、设备的选取,满足不同的需求,以获得尽量高的效益。

(5)太阳能利用与其他可再生能源、化石能源的互补、优化。由于太阳能供给受到气候的影响,并存在昼夜差异及季节性差异,需要与其他可再生能源或化石能源共同使用,实现可靠稳定的能源供给。所以,以太阳能为主要能源,多能互补的高效能源系统也是重要的研究领域,其目标往往是太阳能利用分数的最大化。

1)太阳能热利用现状

当今世界各国都在大力开发利用太阳能资源。欧洲各国、澳大利亚、以色列和日本等,纷纷加大投入,积极探索实现太阳能规模化利用的有效途径。德国等欧盟国家更是把太阳能、风能等可再生能源作为替代化石燃料的主要替代能源大力扶植和发展。美国则掌握了光伏发电高效转化的技术,并已建有多处太阳能热发电厂,其能源新政则强力推动了太阳能等可再生能源的深入研发和规模应用。

太阳能光热利用是以热能转换为主的太阳能转化和利用的过程,主要涉及太阳能中低温热利用,如太阳能热利用与建筑一体化、太阳能空调制冷、太阳能海水淡化等。太阳能常规利用是应用过程最经济、最直接,应用范围最广,应用量最大的方式。欧洲的2020路线图中强调了太阳能采暖、太阳能辅助制冷、工业过程太阳能热利用、太阳能海水淡化的广阔应用前景。太阳能热发电也是太阳能光热利用的一种形式,但是主要涉及太阳能中高温热利用。

(1) 太阳能常规热利用

利用太阳能集热器对水、空气或其他流体加热是目前应用最广泛、相对最成熟的太阳能利用技术。空气集热器直接以空气作为加热介质，比较适合空间采暖，在被动式太阳房中空气集热器已经获得了一定应用。近年来，随着太阳能空调研究的深入，空气集热器加热空气直接用于除湿循环和除湿空调中除湿剂的再生已经获得重视。但是目前市场上占主导地位的是以水为介质的太阳能集热器，此类集热器在大面积、高温位太阳能加热系统中存在气液相变造成汽阻、管道阻力分配不均匀等问题。此外，提高经济性和研究适合的蓄能转换问题也是实现规模工业化应用太阳能的关键。约旦、马来西亚等国利用当地丰富的太阳能资源和特殊的蜂窝透明材料对输油管道进行加热以减小稠油的黏性，我国西藏等地区推广应用的太阳能灶等也具有鲜明的特色。常规集热器的低成本化、模块化、高效化是重要研究方向。

常规太阳能集热还在农业种植、农产品干燥与处理、畜牧鱼养殖、工业过程处理等场合有广泛的应用潜力。

(2) 太阳能利用与建筑一体化

各类建筑是利用太阳能资源的良好载体，如生活热水供应、采暖空调、自然通风、采光照明以及部分电力供应等，太阳能利用与建筑一体化技术在我国受到高度重视并取得长足发展。在传统被动式太阳房热性能分析基础之上，从建筑物复合能量利用系统角度开展基于提高太阳能利用分数与充分利用建筑物结构为目的的太阳能采暖、热水供应、采光、通风、空调以及发电等系统分析，是建筑节能和绿色建筑技术中的重要方面。太阳能能量蓄存、储能材料及装置、太阳能储放能规律的研究等，也是太阳能利用与建筑节能结合的重要发展方向。

图 4-1 为太阳能在建筑中的应用途径。通过合理设计、充分利用建筑物维护结构和选择

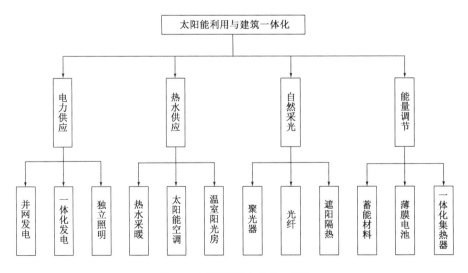

图 4-1 太阳能利用与建筑一体化

适合的能源转换形式,可实现利用太阳能进行采暖、采光、热水供应、空调制冷、强化自然通风、部分电力供应以及水质净化等功能,组成太阳能复合能量系统,可极大地降低建筑使用能耗。

(3)太阳能空调制冷

我国从20世纪70年代开始对太阳能制冷技术进行研究,主要有氨-水吸收式制冷和溴化锂吸收式制冷,此外还有活性炭-甲醇工质对固体吸附式制冷系统等,太阳能低温干燥储粮技术,太阳能住宅用空调制冷、供热系统研究也有涉足。太阳能制冷的一个方向是开发研究中温聚焦式太阳能集热器,和现有制冷机组进行有机组合;另一个重要方向是研究与现有普通太阳能集热技术结合的低温热源驱动空调制冷方法,特别是以太阳能为主,构成具有经济性的多能源复合能量系统。我国在太阳能集热器领域的制造优势和在热驱动制冷领域的技术优势,使太阳能空调制冷工作的某些方面走在了世界的前列,但是对合适的复合能量利用系统构建、太阳能能量传递过程的传热传质强化、太阳能系统热力学优化分析等工作有待进一步深入。

图4-2示意了太阳能与燃气结合的太阳能空调制冷系统。太阳能空调制冷最大特点是与季节的匹配性好,夏季太阳越好,天气越热,太阳能空调系统制冷量也越大。太阳能制冷技术包括主动制冷和被动制冷两种方式。主动式太阳能制冷通过太阳能来驱动能量转换装置实现制冷,包括太阳能光伏系统驱动的蒸汽压缩制冷、太阳能吸收式制冷、太阳能蒸汽喷射式制冷、太阳能固体吸附式制冷、太阳能干燥冷却系统等。被动式制冷不需要能量转换装置,利用自然方式实现制冷,包括夜间自然通风、屋顶池式蒸发冷却以及辐射冷却等。目前主要发展主动式太阳能制冷。

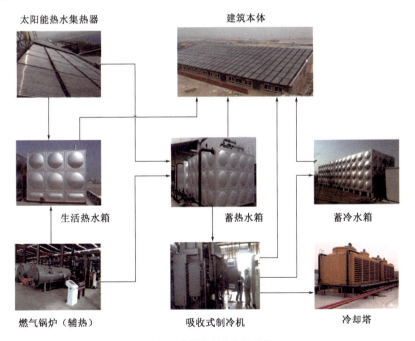

图4-2 太阳能复合空调系统

其产业化关键在于:①常规太阳能集热器低成本化和高效化,以及与之相适应的热驱动制冷技术;②集热效率高、性能可靠的中温太阳能集热器,产生150℃以上的蒸汽,从而直接驱动双效吸收式制冷机;③换热器的传热传质强化和新的利用低位热能的制冷(循环)流程;④太阳能空调制冷的气候适应性及其与建筑热负荷的匹配调节特性。

2)海水源热泵应用现状

海水源热泵技术应用作为一个新兴的技术产业,发展十分迅速,具有以下技术优势:

(1)能效较高,节能效果显著。与传统空调相比,节能40%～50%,此外可以"一机三用":夏天制冷、冬天供热、日常提供生活热水,既节约了能源,又提高了设备的利用率。

(2)环境效益显著。海水源热泵机组在运行的过程中,没有任何污染,不会燃烧也不会产生废弃物。研究数据表明:设计良好的海水源热泵机组的电力消耗,比空气源热泵减少30%以上,比电供暖减少70%以上,使用海水源热泵机组减少向大气排热,从而有效遏制城市热岛效应。

(3)海水源热泵利用的是可再生能源技术,它利用地球水体所储藏的太阳能资源作为冷、热源,地表水体不仅是一个太阳能集热器,还是一个动态能量平衡系统,能够保持接收和发散的能量相对均衡。所以说,海水源热泵系统是一种节能、环保、绿色的技术应用。

其系统的原理及工艺流程如下:制冷时,由蒸发器出来的循环工质蒸汽被吸入压缩机,压缩机将工质压缩成过热蒸汽,进入冷凝器内并与海水进行热量交换,工质在定压下冷却凝结成饱和液体,海水吸收热量温度升高。液态工质经节流阀减压降温进入蒸发器并与循环水(载冷介质)进行冷量交换,工质吸收热量蒸发,循环水将吸收的冷量传递给室内空气,而工质则被压缩机抽回,开始下一个循环。供热时,经过预处理的海水在蒸发器中与循环工质(水或抗冻的混合溶液)进行能量交换,海水放出热量后,通过回水管路排放。工质吸热后蒸发,变为低温低压气体,然后进入压缩机内经压缩后成为过热蒸汽,进入冷凝器并在定压下放热凝结成饱和液体,并与室内能源利用循环的循环水(载热介质)进行热量交换,循环水将吸收来的热量传递给室内空气,达到向室内供热的目的。而工质则重新进入蒸发器内进行新一轮的工质蒸发冷凝循环。

在我国,海水源热泵技术在青岛和大连已取得规模化推广,为该项技术在我国的发展提供了实践经验。在烟台和天津等地有一些小规模的项目,具有很大的发展潜能。在浙江、厦门和江苏等地几乎为空白。近年来,青岛市立足海洋资源丰富的优势,围绕开发利用海水资源,依靠科技进步和自主创新,在大力推进海水源热泵技术方面取得了阶段性的成果,走在了全国的前列。

2004年,借鉴瑞典先进成熟的海水源热泵集中供热供冷经验,我国第一个海水源热泵项目在华电青岛发电公司建成使用,主要用于该公司总建筑面积为1 871m^2的职工食堂冬季供热和夏季供冷,并向职工浴室提供洗浴热水。这套系统具有明显的节能效果,所耗能量是电锅炉供热的 1/3、燃煤锅炉的 1/2,制冷制热系数高出家用空调机的 40%,运行费用仅为普通中央空调的 50%~60%,整个供热过程不会对空气、水源造成任何污染,可以说是一种真正的绿色能源。经过冬季运行测试,效果良好,整个系统制热性能系数大于 3.6,经济效益明显。

2005 年,大连大窑湾集装箱海水源热泵项目一期、二期工程供热供冷面积 3.46 万 m^2 投入运行。2007 年,三期供热供冷面积 16 万 m^2 热泵机组已正式投入运行,效果良好。日照林海大酒店海水源热泵中央空调工程自 2005 年竣工后,当年投入使用,经过一个采暖期和两个制冷期,设备性能稳定,运行情况良好。因在使用期内海水水量、水温基本符合设计要求,制冷工况实际 COP 高达 5.7,制热工况实际高达 4.7,节能效果显著。

2006 年,大连市被国家建设部确定为全国唯一的海水源热泵示范城市,7 个项目被国家确定为示范项目。大连市作为全国可再生能源利用示范城市,在海水源热泵利用方面取得了很大成绩,在 2004—2010 年间相继完成了 6 项(共 7.3 万 m^2)海水源热泵技术应用工程。

2007 年,大连长海县獐子岛镇海水源热泵供热改造项目完成,为 5 万 m^2 居民住宅实施海水源热泵供热,目前设备运行稳定,供热效果良好。大连星海湾商务区海水源热泵一期工程规模为 3 台 10MW 热泵机组,供热、供冷面积 26 万 m^2,投资 1.7 亿元,2007 年正式投入运行,供热、供冷效果良好。在 2007 年"中国大连夏季达沃斯"年会上受到好评,被新闻媒体誉为海水源热泵营造的"绿色达沃斯"。

2008 年,青岛奥林匹克帆船中心冬季首次采用海水源热泵空调系统供热,开创了我国公共建筑应用海水源热泵技术的先例。其中,奥帆赛媒体中心建筑面积为 8 138 m^2,海水源热泵空调系统造价比传统空调系统增加约 35%,但运行费用比传统空调系统节约 50%。全国首个社区海水源热泵项目在青岛开发区千禧龙花园住宅小区内建成,覆盖建筑面积 $6.5 \times 10^4 m^2$。首期 7 000 m^2 的社区会所和社区幼儿园已经启用海水源热泵空调系统进行供热、供冷和提供生活热水。

2009 年,小港湾蓝色经济产业基地办公楼海水源热泵开始向办公楼正式供热,海水供热工程建筑面积约 10 000 m^2,海水供热的项目将节省耗能 1/3 以上,而且无污染。该项目的实验成功,为该区域大面积地开展海水新能源的利用奠定了良好的基础。该试点项目是目前青岛市使用国产设备、海水直接进机组、不设中间换热器的第一个项目,系统的节能效果更优。由于热泵机组选用了国产设备,造价比进口设备减少约 30%。

大连某港口北候船厅所在地无区域供热管网和燃气管网,建筑周边的地质结构也不适合打井取水,所以无法利用传统的供热方式和地下水水源热泵。由于候船楼离海水源很近,且周围海域无水产养殖业,同时海水源热泵符合国家可再生能源利用的政策,故采用了海水源热泵系统。虽然环境效益显著,但经济效益不明显。在政府仅给予初期投资补贴的情况下,传统系统的经济性仍优于海水源热泵系统。此外,天津港船闸所根据其毗邻渤海的特殊地理环境,引进最新的 LSBLGR-S 系列海水源热泵机组设备对其办公室进行冬季取暖和夏季制冷。该系统以海水作为冷热源,采用了 PLC 微电脑控制,冬夏季采用同一套系统,实现了高自动化的全年运行,系统利用率得到提高。与过去的燃煤加分体空调模式相比,整个供热过程既没有烟尘和污水排放,也不会产生废弃物,不会对空气和水源造成污染,满足了环保的要求,而且运行费用较过去节省43%。

我国拥有丰富的海洋资源,很多城市位于沿海地带,所以将海水源热泵应用在供热和供冷中,将对我国的环保与节能具有重大意义。因此应借鉴国外海水源热泵的应用技术,不断积累国内实际工程经验,降低系统的初期投资,提高系统运行效率。另外还要综合考虑工程的经济、环境效益和实际的地理情况。目前,海水源热泵技术的推广面临着以下技术问题:

一是换热器的腐蚀。海水腐蚀是在海洋物理、海洋化学和海洋生物三方面综合作用下呈现出的一种腐蚀现象,海水换热器所用的管路材料,应具备可塑性、强度高和耐腐蚀性以及良好的导热性,如 UPVC 管路等。从使用经验来看,铜和钛材换热器得到了广泛的应用。铜、钛的抗腐蚀能力较强,导热效果良好,对海洋生物的污损也有较强的抵抗能力。钛管能够以较小的壁厚满足机械性能的相关要求,较适合于用作近海地区的海水热泵换热器材料。现有的国内外海水源热泵工程中几乎全部采用钛材换热器,但钛材价格昂贵,是铜合金的 8~10 倍,成本较高。如能通过防腐涂料的使用,提高铜材换热器的耐腐蚀性,会大大降低初期投资,有助于海水源热泵技术的应用和推广。此外,还可以采用二级换热器。二级换热器可以避免海水直接进入热泵机组,以免对蒸发器造成腐蚀。

二是海洋生物的附着引起的堵塞。可以在海水引入口安装一个机械过滤器来滤掉海洋中的固体粒子,并杀死细菌降低生物活性,还可以投放药剂。此外,国外也开始安装了对换热器和管线的自动在线清洗装置。

三是冬季海水温度过低(低于3℃),当海水入口温度过低时,机组效率将会大大减小,甚至无法运行。可以采用降膜蒸发器,海水是淋激到换热器上的,可以在很低的温差下运行;还可以采用单台热泵 2 台压缩机冬季串联运行,可提高机组在低温下的制热能效比;此外,还可以提高冬季海水的供水温度。若条件允许,冬季海水源热泵系统可利用附近发电厂循环冷却水或污水处理厂的污水余热,作为低温热源进行供热,热泵的制热系数将有很大提高。

我国有超过 11 万 km 的海岸线,有众多的岛屿和半岛,目前沿海城市是发展最快的地区,建筑物分布密集度高,对环保及节能的要求很高,同时沿海城市又是冷、热负荷最集中的地区。这些沿海城市、城镇及岛屿与北欧的气候非常接近,在海水资源利用方面具备非常便利的条件。如果根据当地地理条件,利用海水源热泵技术进行集中供热供冷,采用区域规模化应用,热泵机组运行效率会显著提高,运行费用必然明显降低,将会带来巨大的经济效益和社会效益。

4.1.3　太阳能海水源热泵系统应用关键技术分析

1) 谐波法计算逐时冷热负荷

随着我国现代化建设的发展,我国建筑能耗比例将日益向国际水平(30%～40%)接近。而空调用电也呈快速增加的态势。目前,空调能耗已占建筑能耗的43.7%。而空调设计得不合理(例如大马拉小车)又进一步增大了能耗。

在空调的设计中,逐时冷负荷的计算是最基本的。计算逐时冷负荷的方法很多,如反应系数法、Z传递函数法和谐波反应法等。反应系数法是将墙体和房间分别当作线性的热力系统,利用系统传递函数得出某种单位扰量下的各种反应系数,再用反应系数来求解传热量和热负荷,计算得热和冷负荷。但是,把墙体和房间当作线性的热力系统的假设会影响结果的准确度。

Z传递函数法是对反应系数法的一种改进。采用Z传递函数法,计算机运算存储量小,速度快,可直接利用离散的数据作输入量,适用于以气象资料为原始输入数据的计算。但该方法的缺点是纯数学处理较多,物理意义不很明显。王耀春、陈汝东提出的一种全年逐时制冷负荷的计算方法,但涉及参数众多,并且计算较为复杂,不易被工程人员掌握。梅海峰、曹家枨和林星春提出一种空调逐时负荷推导的方法。在获得逐时冷负荷和当地的室外气象资料后利用该方法进行研究分析,方便快捷。但这种方法误差较大,超过15%。

谐波反应法在计算中以周期扰量为前提,一般以24h逐时室外综合温度表示外扰,并用傅氏展开式将该扰量不规则周期函数分解成一组间谐波函数。这种周期的扰量算法与空调制冷负荷周期性变化相吻合。因此,与反应系数法和Z传递函数法相比,该方法更适合用于确定空调的逐时制冷负荷计算。然而,由于该方法涉及的变量较多,不便于推广应用。本课题以谐波反应法为基础,进行了合理的简化,推导了相应的关联式。在此基础上,以上海地区实际工程的运行负荷作为参照,进行关联式的拟合,合理设置各种影响参数,建立该建筑的逐时负荷模型。

根据《民用建筑供暖通风与空气调节设计规范》(GB 50736—2012),对下列各项的热量进行计算:通过围护结构传入的热量;透过外窗、天窗进入的太阳辐射热量;人体散热量;照明、设备等内部热源的散热量;新风带入的热量。通过围护结构进入的非稳态传热量,透过外窗、天窗进入的太阳辐射热量,人体散热量以及非全天使用的设备、照明灯具的散热量等形成的冷负荷,均按照非稳态传热方法计算确定。

(1) 空调房间得热

根据现行《民用建筑供暖通风与空气调节设计规范》(GB 50736—2012)第7.2.2条空调房间的夏季得热量有八项。本方法不涉及这八项中的潜热量计算及空气渗透等纯对流类得热量的计算,也不涉及食物及物料的散热计算。这些项目按常规方法办理即可。

谐波法建立的空调冷负荷计算模型考虑的得热都具备两个特点:一是负荷是时变的,二是负荷是含有辐射成分的。

（2）得热种类

①传热得热：包括外墙、屋面、外窗由于室内外温差引起的传热。邻室为通风良好的非空调房间时通过内墙、内窗、内门的温差传热；

②通过窗玻璃进入室内的太阳辐射热；

③室内发热量：主要是灯光、人体显热散热及设备器具的显热散热量。

（3）得热构成

上述得热种类中均只含对流热与辐射热两种成分，谐波法采用的构成见表4-3。

谐波法得热构成　　　　　　　　　　表4-3

得热种类	对流百分比（%）	辐射百分比（%）
外墙、外窗等温差传热	37	63
屋面温差传热	16	84
无遮阳外窗、天窗直射、散射辐射	0	100
有遮阳外窗、天窗直射、散射辐射	37	63
架空楼板温差传热	37	63
灯器散热	33	67
人体显热散热	45	55
设备用具显热散热	75	25

（4）空调房间冷负荷

空调系统依靠送风带走室内的热量，只能是对流热，这就是负荷。而上述得热量含有辐射成分不能被送风所吸收，这部分辐射通过被辐射的围护结构的蓄热-放热效应才能转化为对流成分；这种转化必然造成峰值的削减和时间的延迟，其结果使得热曲线转化为负荷曲线时被延迟及削平，负荷峰值小于得热峰值。也就是说，得热和负荷是两个不同的概念，得热含有辐射成分。

图4-3为南向外窗进入空调房间太阳辐射热转化为冷负荷的示意图，谐波法的最终目的是从已知的得热时间序列计算出冷负荷的时间序列激励与响应。自动控制理论告诉我们，一个系统受到激励就会产生一个响应，空调房间可以看成自控系统中一个多容的惯性环节，它受到一个扰量的作用（接收得热）就会产生相应的反应。受到周期性热扰作用就会产生周期性热反应，而周期性扰量是可以用不同阶的谐性波动表达的，谐波扰量的响应又是可以计算的。这就是谐波反应法负荷计算方法的基本思路和理论基础。

（5）设计参数周期性

设计参数都是在考虑了一系列不利因素之后，采用相当保证率条件下，认为在给定周期情况下无限重复。例如室外空气温度的日变化曲线，室外太阳辐射照度等均认为设计条件下每日如此，即具有固定的周期。因此周期响应的方法是计算模型的基本方法。

通过上述讨论，确定谐波法模型计算冷负荷可归结为如下步骤：

①计算各围护结构的传热衰减与延迟以及放热衰减与延迟；

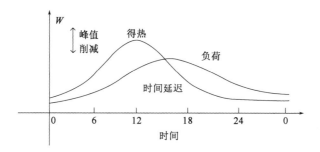

图 4-3 南外窗辐射热转换为负荷过程

②计算房间的各种得热并将其展成三角多项式；
③将得热分成对流部分和辐射部分；
④根据得热的种类计算房间对辐射热扰量的衰减和延迟；
⑤将辐射热扰转化成冷负荷；
⑥将上述计算值与原对流部分相加得到该项得热的负荷值；
⑦将各项负荷相加得到房间冷负荷值。

(6) 外墙和屋面传热冷负荷计算

外墙或屋面传热形成的计算时刻冷负荷 Q_τ(W)，按式(4-1)计算。

$$Q_\tau = KF\Delta t_{\tau-\zeta} \tag{4-1}$$

式中：K——传热系数[W/(m²·℃)]；

F——面积(m²)；

τ——时刻；

$\tau-\zeta$——温度波动的作用时刻，即温度波作用于外墙或屋面外侧的时刻；

$\Delta t_{\tau-\zeta}$——作用时刻下，通过外墙或屋面的冷负荷计算温差，简称负荷温差(℃)。

当外墙或屋顶的衰减系数 $\beta<0.2$ 时，可用日平均冷负荷 Q_{pj} 代替各计算时刻的冷负荷 Q_τ：

$$Q_{pj} = KF\Delta t_{pj} \tag{4-2}$$

式中：Δt_{pj}——负荷温差的日平均值(℃)。

(7) 外窗的温差传热冷负荷计算

通过外窗温差传热形成的计算时刻冷负荷 Q_τ 按式(4-3)计算。

$$Q_\tau = aKF\Delta t_\tau \tag{4-3}$$

式中：Δt_τ——计算时刻下的负荷温差(℃)；

K——传热系数[W/(m²·℃)]；

a——窗框修正系数。

(8) 外窗太阳辐射冷负荷计算

透过外窗的太阳辐射形成的计算时刻冷负荷 Q_τ，应根据不同情况分别按下列各式计算：

① 当外窗无任何遮阳设施时

$$Q_\tau = F\chi_g J_{w\tau} \tag{4-4}$$

式中：χ_g——窗的构造修正系数；

$J_{w\tau}$——计算时刻下，透过无遮阳设施玻璃太阳辐射的冷负荷强度（W/m²）。

② 当外窗只有内遮阳设施时

$$Q_\tau = F\chi_g X_z J_{n\tau} \tag{4-5}$$

式中：X_z——内遮阳系数；

$J_{n\tau}$——计算时刻下，透过有内遮阳设施玻璃太阳辐射的冷负荷强度（W/m²）。

③ 当外窗只有外遮阳板时

$$Q_\tau = [FJ_{w\tau} + (F - F_1)J_{w\tau 0}]\chi_g \tag{4-6}$$

式中：F_1——窗口受到太阳照射时的直射面积（m²）；

$J_{w\tau 0}$——计算时刻下，透过无遮阳设施玻璃太阳散射辐射的冷负荷强度（W/m²）。

④ 当窗口既有内遮阳设施又有外遮阳板时

$$Q_\tau = [F_1 J_{n\tau} + (F - F_1)J_{n\tau 0}]\chi_g \times X_z \tag{4-7}$$

式中：$J_{n\tau 0}$——计算时刻下，透过有内遮阳设施窗玻璃太阳散射辐射的冷负荷强度（W/m²）。

（9）内围护结构的传热冷负荷计算

① 相邻空间通风良好时

当相邻空间通风良好时，内墙或间层楼板由于温差传热形成的冷负荷可按式（4-8）估算。

$$Q = K \times F \times (t_{wp} - t_n) \tag{4-8}$$

式中：Q——稳态冷负荷，下同（W）；

t_{wp}——夏季空气调节室外计算日平均温度（℃）；

t_n——夏季空气调节室内计算温度（℃）。

② 相邻空间有发热量时

通过空调房间内窗、隔墙、楼板或内门等内围护结构的温差传热负荷，按式（4-9）计算。

$$Q = K \times F \times (t_{wp} + \Delta t_{ls} - t_n) \tag{4-9}$$

式中：Δt_{ls}——邻室温升，可根据邻室散热强度采用（℃）。

（10）人体冷负荷计算

人体显热散热形成的计算时刻冷负荷 Q_τ，按式（4-10）计算。

$$Q_\tau = \varphi n q_1 X_{\tau-\tau'} \tag{4-10}$$

式中：φ——群体系数；

n——计算时刻空调房间内的总人数；

q_1——一名成年男子每小时显热散热量(W);

τ——计算时刻(h);

τ'——人员进入空调区的时刻(h);

$\tau-\tau'$——从人员进入空调区的时刻算起到计算时刻的持续时间(h);

$X_{\tau-\tau'}$——冷负荷系数。

(11)灯光冷负荷计算

照明设备散热形成的计算时刻冷负荷 Q_τ,应根据灯具的种类和安装情况分别按下列各式计算:

白炽灯散热形成的冷负荷

$$Q_\tau = n_1 N X_{\tau-\tau'} \qquad (4-11)$$

式中:n_1——同时使用系数,一般可取 0.5~1.0;

N——设备的总安装功率(W)。

镇流器在空调区之外的荧光灯

$$Q_\tau = n_1 N X_{\tau-\tau'} \qquad (4-12)$$

镇流器装在空调区之内的荧光灯

$$Q_\tau = 1.2 n_1 N X_{\tau-\tau'} \qquad (4-13)$$

暗装在空调房间吊顶玻璃罩内的荧光灯

$$Q_\tau = n_0 n_1 N X_{\tau-\tau'} \qquad (4-14)$$

式中:n_0——考虑玻璃反射、顶棚内通风情况的系数,当荧光灯罩有小孔,利用自然通风散热于顶棚内时,取为 0.5~0.6,荧光灯罩无通风孔时,视顶棚内通风情况取为 0.6~0.8。

(12)设备冷负荷计算

热设备及热表面散热形成的计算时刻冷负荷 Q_τ,按式(4-15)计算。

$$Q_\tau = q_s \times X_{\tau-\tau'} \qquad (4-15)$$

式中:τ——热源投入使用的时刻(h);

$\tau-\tau'$——从热源投入使用的时刻算起到计算时刻的持续时间(h);

$X_{\tau-\tau'}$——时间设备、器具散热的冷负荷系数;

q_s——热源的实际散热量(W)。

①电热工艺设备散热量

$$q_s = n_1 n_2 n_3 n_4 N \qquad (4-16)$$

式中:n_2——安装系数,一般可取 0.7~0.9;

n_3——负荷系数,即每小时平均实耗功率与设计最大功率之比,一般可取 0.4~0.5;

n_4——通风保温系数。

②电动机和工艺设备均在空调房间内的散发量

$$q_s = n_1 n_2 n_3 \frac{N}{\eta} \tag{4-17}$$

式中：η——电动机的效率。

③只有电动机在空调房间内的散热量

$$q_s = n_1 n_2 n_3 N \frac{1-\eta}{\eta} \tag{4-18}$$

④只有工艺设备在空调房间内的散热量

$$q_s = n_1 n_2 n_3 N \tag{4-19}$$

（13）渗透空气显热冷负荷计算

渗透空气的显冷负荷 Q，按式（4-20）计算。

$$Q = 0.28 G(t_w - t_n) \tag{4-20}$$

式中：G——单位时间渗入室内的总空气量（kg/h）；

t_w——夏季空调室外干球温度（℃）；

t_n——室内计算温度（℃）。

（14）食物的显热散热冷负荷计算

进行餐厅冷负荷计算时，需要考虑食物的散热量。食物的显热散热形成的冷负荷，可按每位就餐客人9W计算。

（15）散湿量与潜热冷负荷计算

①人体散湿和潜热冷负荷

人体散湿量按式（4-21）计算。

$$D_\tau = 0.001 \varphi n_\tau g \tag{4-21}$$

式中：D_τ——散湿量（kg/h）；

φ——群体系数；

n_τ——计算时刻空调区的总人数；

g——一名成年男子的小时散湿量（g/h）。

人体散湿形成的潜热冷负荷 Q_τ（W），按式（4-22）计算。

$$Q_\tau = \varphi n_\tau q_2 \tag{4-22}$$

式中：q_2——一名成年男子小时潜热散热量（W）。

②渗入空气散湿量及潜热冷负荷

渗透空气带入室内的湿量 D（kg/h），按式（4-23）计算。

$$D = 0.001 G(d_w - d_n) \tag{4-23}$$

渗入空气形成的潜热冷负荷 $Q(\mathrm{W})$,按式(4-24)计算。

$$Q = 0.28G(h_w - h_n) \tag{4-24}$$

上述式中:d_w——室外空气的含湿量(g/kg);

d_n——室内空气的含湿量(g/kg);

h_w——室外空气的焓(kJ/kg);

h_n——室内空气的焓(kJ/kg)。

③食物散湿量及潜热冷负荷

餐厅的食物散湿量 $D_\tau(\mathrm{kg/h})$,按式(4-25)计算。

$$D_\tau = 0.012 n_\tau \varphi \tag{4-25}$$

式中:n_τ——就餐总人数。

食物散湿量形成的潜热冷负荷 $Q_\tau(\mathrm{W})$,按式(4-26)计算。

$$Q_\tau = 700 D_\tau \tag{4-26}$$

④水面蒸发散湿量及潜热冷负荷

敞开水面的蒸发散湿量 $D(\mathrm{kg/h})$,按式(4-27)计算。

$$D = (a + 0.000\,13v)(p_{qb} - p_q)\frac{AB}{B_1} \tag{4-27}$$

式中:A——蒸发表面积(m^2);

a——不同水温下的扩散系数;

v——蒸发表面的空气流速(m/s);

p_{qb}——相应于水表面温度下的饱和空气的水蒸气分压力(Pa);

p_q——室内空气的水蒸气分压力(Pa);

B——标准大气压,101 325 Pa;

B_1——当地大气压(Pa)。

水面蒸发散湿量形成的潜热冷负荷 $Q(\mathrm{W})$,按式(4-28)计算。

$$Q = 1\,000D(2\,500 - 2.35t) \tag{4-28}$$

式中:t——水表面温度(℃)。

⑤水流蒸发散湿量及潜热冷负荷

有水流动的地面,其表面的蒸发水分应按式(4-29)计算。

$$D = \frac{Gc(t_1 - t_2)}{\gamma} \tag{4-29}$$

式中:G——流动的水量(kg/h);

c——水的比热,4.186 8 kJ/(kg·K);

t_1——水的初温(℃);

t_2——水的终温,排入下水管网时的水温(℃);

γ——水的汽化潜热,平均取 2 450kJ/kg。

水面蒸发散湿量形成的潜热冷负荷 Q(W),按式(4-30)计算。

$$Q = 1\,000D\left(2\,500 - 2.35\frac{t_1 + t_2}{2}\right) \quad (4\text{-}30)$$

⑥化学反应的散热量和散湿量

$$Q = \frac{n_1 n_2 Gq}{3\,600} \quad (4\text{-}31)$$

$$W = n_1 n_2 gw \quad (4\text{-}32)$$

$$Q_q = 628W \quad (4\text{-}33)$$

上述式中:Q——化学反应的全热散热量(W);

n_1——考虑不完全燃烧的系数,可取 0.95;

n_2——负荷系数,即每个燃烧点实际燃料消耗量与其最大燃料消耗量之比,视工艺使用情况而定;

G——每小时燃料最大消耗量(m^3/h);

q——燃料的热值(kJ/m^3);

w——燃料的单位散湿量(kg/m^3);

W——化学反应的散湿量(kg/h);

Q_q——化学反应的潜热散热量(W)。

2)人工岛上热水负荷设计

根据《建筑给水排水设计规范》(GB 50015—2003)中热水用水定额,取下限值作为设计日用水量,生活热水最高日消耗量标准按200L/(人·d)设计,日热水消耗量按式(4-34)计算。

$$Q_r = \frac{gs}{1\,000} \quad (4\text{-}34)$$

式中:Q_r——日热水用量(L/d);

g——热水指标[L/(人·d)];

s——人员数量。

根据《建筑给水排水设计规范》(GB 50015—2003),住宅、别墅、酒店式公寓、全日供应热水的宿舍(Ⅰ、Ⅱ类)、宾馆等建筑的集中热水供应系统的设计小时耗热量应按式(4-35)计算。

$$Q_h = K_h \frac{c\rho Q_r(t_r - t_l)}{T} \quad (4\text{-}35)$$

式中:Q_h——设计小时耗热量(kJ/h);

c——水比热,$c = 4.187 kJ/(kg·℃)$;

ρ——热水密度,取 ρ = 1kg/L;

Q_r——日热水量(L/d);

K_h——小时变化系数,根据表4-4选取;

T——每日使用时间,根据规范取24h;

t_r——热水设计温度,取55℃;

t_l——冷水设计进口温度,取15℃。

注:K_h应根据热水用水定额高低、使用人(床)数多少取值,使用人(床)数小于或等于下限值及大于或等于上限值的,K_h就取下限值及上限值,中间值可用内插法求得。

热水小时变化系数值 表4-4

类别	热水用水定额[L/(人·d)]	使用人(床)数	K_h
住宅	60~100	100~6 000	4.8~2.75
别墅	70~110	100~6 000	4.21~2.47
酒店式公寓	80~100	150~1 200	4~2.58
宿舍(Ⅰ、Ⅱ类)	40~80	150~1 200	4.8~3.20
宾馆	120~160	150~1 200	3.33~2.60

最高日平均秒耗热量可按式(4-36)计算。

$$Q_d = \frac{Q_r c \rho_r (t_r - t_l)}{24 \times 3\ 600} \quad (4-36)$$

式中:Q_d——最高日平均秒耗热量(kW);

Q_r——最高日热水用量(m³/d);

c——水比热,c = 4.187kJ/(kg·℃);

ρ_r——热水密度,取1.0kg/L;

t_r——热水设计温度,取55℃;

t_l——冷水设计进口温度,取15℃。

3)海水侧换热需水量计算

夏热冬暖地区,全年冷负荷比热负荷大,应该按照冷负荷计算水源总用水量,见式(4-37)。

$$G = 0.86 \times \frac{Q_l + N}{\Delta t} \quad (4-37)$$

式中:G——机组制冷量(kW);

N——输入功率(kW);

Δt——水源水进出主机温差,取5℃。

总用水量的计算与主机的制冷量、输入功率等参数相关联,计算需水量还需要首先根据建筑物的冷负荷进行设备选型。

4.1.4 太阳能海水源热泵系统设计方案和主要设备选型

针对港珠澳跨海大桥东、西人工岛建筑,计算人工岛上民用建筑空调热水负荷。人工岛上共设置四处房建设施,包括东人工岛管理区、西人工岛管理区、珠澳口岸大桥管理区及港珠澳大桥管理中心(含养护救援中心),具体规模见表4-5～表4-7。

东人工岛建筑规划　　　　　　　　　　　　　　　　表4-5

楼层	名　　称	面积(m²)	楼层	名　　称	面积(m²)
一层	建筑使用面积	7 466	二层	游客餐厅	721
	风机房	1 465		运营人员办公休息房	357
	隧道及房建区变电站	860		备用房	357
	生活水泵房	158		公共空间	1 277
	内部食堂	317	三层	建筑使用面积	7 664
	应急救援办公	456		风机房	1 869
	35kV变电站	552		大桥建设成果展览馆	1 917
	停车场(包括应急救援车)	2 579		珠江口海洋生物科普馆	1 837
	公共空间	1 277		公共空间	1 501
	安全通道、电缆通道风机房(放置建筑外)	184	四层	建筑使用面积	3 200
				风机房	1 869
二层	建筑使用面积	7 124		休息厅	780
	风机房	1 869		备用房(2间)	371
	安保设施	1 780		公共空间	180
	超市、休息厅	1 105			

西人工岛建筑规划　　　　　　　　　　　　　　　　表4-6

楼层	名　　称	面积(m²)	楼层	名　　称	面积(m²)
一层	建筑使用面积	7 664	二层	建筑使用面积	7 321
	风机房	1 465		风机房	1 869
	隧道及房建区变电站	965		办公综合楼	1 247
	内部食堂	238		环保监测站	955
	生活水泵房	158		现场人员值班用房	1 162
	应急救援办公	110		养护站办公	179
	通航安全管理站(1)	456		通航安全管理站(2)	179
	安保值勤	336		公共空间	1 730
	35kV变电站	552	三层	建筑使用面积	3 200
	停车场(包括养护站、应急救援站车库)	2 243		风机房	1 869
	公共空间	1 141		监控大厅	780
	安全通道、电缆通道风机房(放置建筑外)	184		备用房(2间)	371
				公共空间	180

房建设施规模汇总　　　　　　　　　　　表 4-7

序号	设施名称	总建筑面积(m^2)	总用地面积(m^2)
1	港珠澳大桥管理中心	19 189	46 494
2	珠澳口岸大桥管理区	4 950	306 890
3	西人工岛	18 185	7 664
4	东人工岛	25 454	7 664
合计		67 778	368 712

人工岛的主要功能是实现隧道与桥梁在海上的连接，本项目设置东、西两个人工岛。为了让人工岛发挥更多的作用，充分利用岛上的面积，结合本项目管理养护体制的需要，在人工岛上设置管理、救援、养护、消防等设施，保证项目开通后的正常运转。在建筑设计上应充分考虑建筑与人工岛成为一个整体，"岛即建筑、建筑即岛"相融合的构思。结合港珠澳大桥项目的管理体制及特点，本项目设置太澳监控通信收费管理中心一处，养护救援中心一处。为了合理高效地利用征地，两设施同址设置，场地内分别建设主办公楼及养护楼，主办公楼主要功能包括大桥管理人员办公用房、监控大厅、通信设备机房等。由于项目的特殊性，管理中心内设置三地(珠海、香港、澳门)管理委员会，适当增加了主办公楼的建筑规模。养护楼的功能包括养护救援人员的办公用房及养护机械设备停放及维修的车库。此外，东西人工岛的养护、救援人员及珠澳口岸收费站、养护救援站的工作人员的食宿统一安排在管理中心，建有(中高级)管理人员宿舍楼、普通员工宿舍楼及食堂。

逐时冷负荷计算结果如图 4-4、图 4-5 所示。

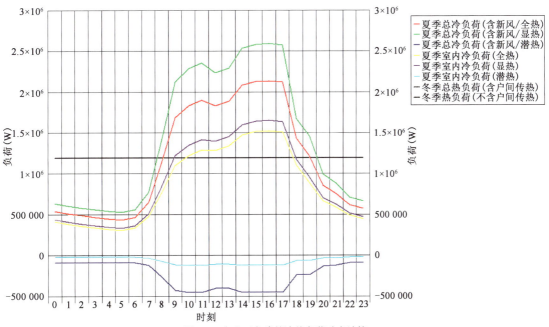

图 4-4　东人工岛建筑冷热负荷动态计算

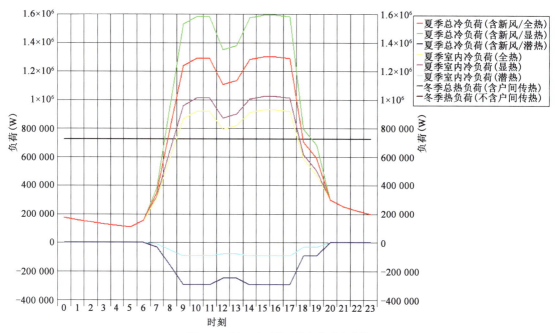

图 4-5 西人工岛建筑冷热负荷动态计算

根据谐波法逐项逐时动态冷热负荷数学模型计算,东人工岛的冷负荷为 1 522 078.18 W,热负荷为 1 190 451.63 W;西人工岛的冷负荷为 929 843.20 W,热负荷为 725 964.97 W;其计算结果见表 4-8。

谐波法计算逐时空调冷热负荷(单位:W)　　　　　　　表 4-8

工况	分类	东人工岛	西人工岛
夏季	夏季室内冷负荷(全热)	1 522 078.18	929 843.20
	夏季总冷负荷(含新风/潜热)	455 678.56	291 922.60
	夏季总湿负荷(含新风)	647.72	377.14
	夏季室内湿负荷	176.49	117.37
	夏季新风冷负荷	610 979.17	370 493.35
	夏季室内冷负荷(潜热)	126 661.80	92 409.23
	夏季新风冷负荷(显热)	939 995.93	570 006.73
	夏季新风冷负荷(潜热)	329 016.76	199 513.40
	夏季新风湿负荷	471.23	259.77
	夏季新风量	42 726	24 156
	夏季总冷负荷指标(含新风)	149.77	161.49
	夏季室内冷负荷指标	106.87	115.48
	夏季总冷负荷最大时刻(含新风/全热)	16	16
	夏季室内冷负荷最大时刻(全热)	16	16

续上表

工况	分类	东人工岛	西人工岛
冬季	冬季总热负荷(含新风/全热)	1 190 451.63	725 964.97
	冬季室内热负荷(全热)	0	0
	冬季总湿负荷(含新风)	0	0
	冬季总热负荷(含户间传热)	1 190 451.63	725 964.97
	冬季热负荷(不含户间传热)	1 190 451.63	725 964.97
	冬季总热负荷指标(含新风)	83.59	90.16

东、西人工岛生活热水负荷,计算结果见表4-9。

生活热水负荷计算 表4-9

相关参数	单位	东人工岛	西人工岛	说明
日热水量	m³/d	6.6	5.0	
用水计算单位数	人	40	30	
热水用水定额	L/(人·d)	165	165	给排水规范
日平均耗热量	kW	12.8	9.6	
设计小时热水量	m³/h	1.0	0.8	
小时变化系数		3.8	4.0	给排水规范
设计小时耗热量	kJ/h	175 016.6	138 171.0	
机组设计工作时间	h	15	15	按冬季最恶劣
安全系数		1.05	1.05	
同时使用系数		1.0	1.0	
机组制热量	kW	21.5	16.1	

从表4-9统计结果可知:东人工岛生活日热水量消耗6.6m³/d,设计小时耗热量为175 016.6kJ/h;西人工岛生活日热水量消耗5.0m³/d,设计小时耗热量为138 171.0kJ/h。

东、西人工岛生活需海水量计算结果见表4-10。

人工岛建筑海水侧换热需水量 表4-10

建筑物	冷负荷(kW)	热负荷(kW)	热水负荷(kW)	冷冻水量(m³/h)	海水量(m³/h)
东人工岛	1 807.7	1 171.7	21.5	342.0	417.6
西人工岛	1 122.1	727.3	16.1	212.3	259.2
合计	2 929.8	1 899.0	37.6	554.3	676.8

1)太阳能海水源热泵系统功能设计

热泵型中央空调系统由室外换热系统、室内机房主要空调设备和房间内末端系统三部分组成。室外换热系统采用周边海域的天然冷、热源,室内机房热泵空调机组提供空调冷、热源,末端采用"风机盘管+新风"系统,向建筑物输送冷、热量。系统的整体设计和运行可为建筑物提供以下三种功能:

(1)夏季制冷。热泵空调机组蒸发器提供 7~14℃ 空调冷冻水,机组运行在空调工况下,部分回收冷凝热提供免费生活热水,热水温度到达 55℃ 后,通过阀门切换,把富余的冷凝热通过板式换热系统输送到周边海水,由于海水表层常年恒温在 15~20℃,所以机组的制冷能效比 EER 可达 5.5 以上。

(2)冬季采暖。热泵空调机组冷凝器提供 42~52℃ 空调热水,蒸发器通过板式换热系统吸收表层海水的浅层地温能,由于表层海水常年恒温在 15~20℃,所以机组的制热能效比 COP 可达 3.8 以上。

(3)全年生活热水供应。热泵热水机组负责全年提供 55~60℃ 生活热水,机组在夏季制热水工况下,回收蒸发器冷量提供免费冷冻水。另外设计一套太阳能集中热水供应系统,在太阳光照到达设计工况下,太阳能平板集热器可提供免费生活热水。

2)太阳能海水源热泵系统设计

热泵空调机组 1 主要负责提供冷量、采暖热量和辅助生活热水,通过增压水泵 4 提供生活热水;蓄热水箱 6 用于太阳能蓄热;空调水系统和海水侧水系统由 1 套定压补水装置 8 实现定压和补充水,承压水罐 5 用于热水供应系统的定压,增压水泵 4 为建筑物提供生活热水;循环水泵 10 为海水循环泵,海水通过板式换热器 9 为机组提供低位热源,其设计原理图如图 4-6 所示。

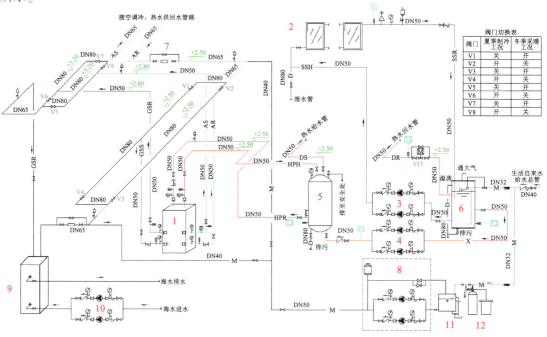

图 4-6 太阳能热泵系统冷热源系统设计

1-海水源热泵空调机组;2-太阳能平板集热器;3-太阳能集热循环水泵;4-热水供应增压水泵;5-承压水罐;6-常压蓄热水箱;7-自动水处理器;8-定压补水装置;9-板式换热器;10-海水循环泵;11-软化水箱;12-全自动软化水处理器

3)主要设备选型

(1)海水源热泵设备

夏热冬暖地区的夏季冷负荷总量比冬季供热负荷总量大,热泵空调机组选型应根据夏季空调负荷计算结果,考虑一定的安全额度以保证系统的稳定性和可靠度,机组的额定制冷量按式(4-38)计算。

$$Q_e \geq kQ_l \tag{4-38}$$

式中:Q_e——热泵机组额定制冷量(kW);

k——安全系数,按规范取1.1;

Q_l——设计冷负荷(kW)。

热水的高峰用水持续时间按4.0h计算,有效储热容积系数 η 取0.85,热泵热水系统供热水罐容积按式(4-39)计算。

$$V_g = \frac{T_o Q_d}{c\rho\eta(t_r - t_l)} \tag{4-39}$$

式中:V_g——储热总容积(L);

T_o——储热时间,设计4.0h;

Q_d——设计小时耗热量,$Q_d = Q_h \times 3\,600 (kJ/h)$;

c——水比热,取4.187kJ/(kg·℃);

ρ——热水密度,取1kg/L;

t_r——热水设计温度,取55℃;

t_l——冷水设计进口温度,取15℃。

(2)太阳能集热设备

太阳能的集热平均每天供热水量,按式(4-40)计算

$$q = \frac{1\,000 A_c J_t \eta (1 - \eta_L)}{c\rho(t_r - t_l)f} \tag{4-40}$$

式中:A_c——直接系统太阳能集热器面积(m^2);

q——计算日供热水量(L/d);

c——水比热,$c = 4.187$kJ/(kg·℃);

ρ——热水密度,取 $\rho = 1$kg/L;

t_r——储水箱内设计热水温度(℃);

t_l——冷水进口温度(℃);

J_t——倾角等于当地纬度时,倾斜表面平均日太阳总辐照量[MJ/(m^2·d)];

f——太阳能保证率,无量纲;

η——集热器年平均集热效率,无量纲;

η_L——管路及储水箱热损失率,无量纲,一般取 0.20~0.30,本项目取 0.25。

对于平板型太阳能集热器,集热器瞬时效率 η 按式(4-41)计算。

$$\eta = 0.7661 - 4.28T \qquad (4\text{-}41)$$

式中:η——集热器瞬时效率,无量纲;

T——归一化温差[(m²·℃)/W]。

集热器进口温度 t_i,按式(4-42)计算。

$$t_i = \frac{t_l}{3} + \frac{2t_r}{3} \qquad (4\text{-}42)$$

式中:t_i——集热器进口计算温度(℃);

t_l——冷水设计温度,15℃;

t_r——热水设计温度,55℃。

参考广州地区太阳能集热系统设计气象参数,年平均气温 t_a 为 20.8℃,倾角等于当地纬度时集热器采光面上月平均日太阳总辐照量 J_t 为 11.66MJ/(m²·d),年平均日照小时数 S_y 为 4.6h/d,年平均日太阳辐照度 G(W/m²)按式(4-43)计算。

$$G = \frac{J_t}{3600 S_y} \qquad (4\text{-}43)$$

归一化温差 T 按式(4-44)计算。

$$T = \frac{t_i - t_a}{G} \qquad (4\text{-}44)$$

太阳能集热器全日集热效率 η 为:

$$\eta = 0.7661 - 4.28 \frac{t_i - t_a}{J_t / 3600 S_y} \qquad (4\text{-}45)$$

太阳能保证率按照表 4-10 的推荐值选用。全年使用的太阳能热水系统,宜取中间值;偏重于在春、夏、秋季使用的系统,宜取偏小值;偏重于在冬季使用的系统,宜取偏大值;初期投资较充裕,期望节能效果显著的情况下,可取偏大值。根据地区地域特点,参考表 4-11 中的广州地区,属于Ⅲ资源一般区,太阳能保证率在 40%~50%;根据项目需求,太阳能保证率 f 取中间值 0.45。

国内太阳能保证率推荐值　　　　　　　　　　　　表 4-11

资源区划	年太阳能辐照量 [MJ/(m²·年)]	地　区	太阳能 保证率(%)
Ⅰ资源丰富区	≥6 700	宁夏北部、甘肃西部、新疆东南部、青海西部、西藏西部	60~80
Ⅱ资源较丰富区	5 400~6 700	河北西北部、北京、天津、山西北部、内蒙古及宁夏南部、甘肃中东部、青海东部、西藏南部、新疆南部	50~60
Ⅲ资源一般区	4 200~5 400	山东、河南、河北东南部、山西南部、新疆北部、吉林、辽宁、云南、陕西北部、甘肃东南部、广东南部、湖南、广西、江西、江苏、浙江、上海、安徽、湖北、福建北部、广东北部、陕西南部、黑龙江	40~50
Ⅳ资源贫乏区	<4 200	四川、贵州、重庆	≤40

太阳能集热水箱容积 V_j 按照式(4-46)计算。

$$V_j = AB_1 \tag{4-46}$$

式中：V_j——集热系统储热水箱有效容积(L)；

A——太阳能集热器采光面积(m^2)；

B_1——单位采光面积平均每日的产热水量[$L/(m^2 \cdot d)$]，具体数值应根据当地日照条件、集热器产品的实际测试结果而定，方案阶段可根据太阳能行业的经验数值选取，对于直接加热系统，可选取 40~100$L/(m^2 \cdot d)$，取值范围可参照表4-12。

单位采光面积产热水量推荐设计值 　　　　　表4-12

资源区划	地区	推荐值[$L/(m^2 \cdot d)$]
Ⅰ资源丰富区	宁夏北部、甘肃西部、新疆东南部、青海西部、西藏西部	70~100
Ⅱ资源较丰富区	河北西北部、北京、天津、山西北部、内蒙古及宁夏南部、甘肃中东部、青海东部、西藏南部、新疆南部	60~70
Ⅲ资源一般区	山东、河南、河北东南部、山西南部、新疆北部、吉林、辽宁、云南、陕西北部、甘肃东南部、广东南部、湖南、广西、江西、江苏、浙江、上海、安徽、湖北、福建北部、广东北部、陕西南部、黑龙江	50~60
Ⅳ资源贫乏区	四川、贵州、重庆	40~50

港珠澳跨海大桥东、西人工岛建筑，参考以上分析计算模型，系统主要设备配置见表4-13。

太阳能海水源热泵三联供系主要设备选型 　　　　　表4-13

序号	名称	单位	东人工岛	西人工岛	备注
1	太阳能集热器	m^2	138.7	104.1	
2	热泵空调机组	台	1	1	
3	空调冷热水循环泵	台	2	2	
4	空调冷水循环泵	台	2	2	
5	热水循环泵	台	2	2	一用一备
6	生活热水给水泵	台	2	2	
7	海水循环泵	台	2	2	
8	太阳能热水循环泵	台	2	2	
9	定压补水泵	台	1	1	成套设备
10	定压罐	个	1	1	
11	全自动软水器	台	1	1	补给水装置
12	软化水箱	个	1	1	
13	旋流除沙器	台	2	2	水处理
14	电子水处理仪	台	2	2	
15	2t生活热水箱	个	2	2	不锈钢保温

4.1.5 太阳能海水源热泵系统冷热联供运行模式研究

1) 太阳能海水源热泵联供系统结构组成

太阳能海水源热泵复合系统如图 4-7 所示,该系统由两大部分组成:一部分为太阳能集热系统,由太阳能平板集热器、蓄热水箱、循环泵和控制阀组成;另一部分为海水源热泵系统,主要由海水源热泵、板式换热器、蓄冷水箱及户外海域等组成。这两部分通过水管、循环泵及控制阀有机连接在一起,形成了太阳能海水源热泵三联供系统。

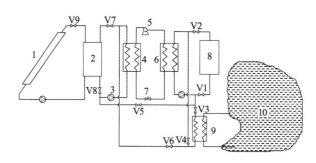

图 4-7 太阳能海水源热泵复合系统结构原理图

1-太阳能集热器;2-蓄热水箱;3-循环水泵;4-冷凝器;5-压缩机;6-蒸发器;7-节流阀;8-蓄冷水箱;9-板式换热器;
10-户外海域;V1～V9-控制阀

在本系统中,太阳能集热系统、海水源热泵系统冷凝器端通过并联的方式对蓄热水箱进行加热;蓄冷水箱、户外海域并联与蒸发器端连接从而实现冷量的储存,或通过板式换热器将冷量释放至户外海域。

2) 太阳能海水源热泵联供系统的工作原理

太阳能海水源热泵联供系统是利用太阳能与海水源热能作为热泵热源的复合热源热泵系统,属于太阳能与海水源热能综合利用的一种形式。由于太阳能与海水源热源具有很好的互补与匹配性,因此太阳能海水源热泵复合系统具有单一太阳能与海水源热泵无可比拟的优点。根据系统本身的特点、功能及其运行模式,该系统包括四大部分:太阳能集热系统、海水源热泵换热系统、热泵工质循环系统及室内空调末端管路系统。与常规热泵不同,该热泵系统的低位热源由太阳能集热系统和海水源系统共同或交替来提供。根据日照条件和热水负荷、空调负荷变化情况,系统可采用不同运行流程,从而可实现多种运行工况,如太阳能直接供热水、海水源热泵供热水或空调(夏季)、太阳能海水源热泵联合供热水、水箱蓄热等,每一流程中太阳能集热器和海水源热交换器运行工况分配与组合不同,流程的切换可通过阀门的开与关来实现。

3) 太阳能海水源热泵联供系统的运行模式及其运行流程图

太阳能海水源热泵联供系统的运行模式是指系统在运行期间太阳能热泵系统热源的各种

不同选取和连接方式以及每一热源运行时间的分配比例,最基本的包括两种:一是太阳能和海水源热泵交替供热水运行模式,主要体现在太阳能与海水源热泵的相互切换上;二是同时采用太阳能和海水源作为热泵热源的联合运行模式,集热器根据日照条件由控制器来实现自动开停,而海水源在供热期间始终投入运行。

此外,根据其功能的不同,系统还有太阳能蓄热水箱蓄热、海水源热泵蓄冷制热、海水源热泵释冷制热、太阳能直接供暖与供生活热水等运行模式。由于本章节主要的研究内容是太阳能海水源热泵联供系统的联合运行特性,因此这里主要讨论联合运行模式的定义及相应载热流体的运行流程。

太阳能海水源热泵联供系统联合运行模式是指同时采用太阳能和海水源作为热泵联供热源的运行方式。根据热源组合方式及其时间分配比例的不同,运行模式有如下 3 种工况。

(1)太阳能独立蓄热运行模式

在天气比较好或太阳能比较充足的情况下,太阳能集热系统开启,水源热泵停止运行,载热流体经平板式集热器 1 流入蓄热水箱 2。此时,系统充分利用了太阳能加热生活用水,其运行模式如图 4-8 所示。

(2)海水源热泵独立运行模式

若在阴雨天气,或太阳能不充足时,太阳能集热器不能正常运行,此时,海水源热泵开启运行,有三种运行方式。

① 夏季工况:制冷热回收模式

即在蒸发器 6 端载冷流体吸收冷量并将冷量储存至蓄冷水箱 8 或供给用户,载热流体流入水源热泵冷凝器 4 经吸热后,再进入蓄热水箱 2。运行流程如图 4-9 所示,阀门开关控制见表 4-14。

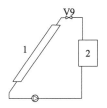

图 4-8 太阳能独立蓄热运行模式

注:图中序号含义见图 4-7。

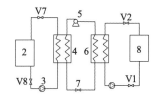

图 4-9 海水源热泵夏季制冷热回收模式

注:图中序号含义见图 4-7。

夏季工况海水源热泵系统制冷热回收模式阀门控制　　表 4-14

阀门	V1	V2	V3	V4	V5	V6	V7	V8	V9
开	√	√					√	√	
关			√	√	√	√			√

② 夏季工况:制冷释热模式

海水源热泵开启运行,并在此期间蓄热水箱 2 水温已经达到系统设定值,热泵制冷蓄热模式停止运行,此时,开启户外板式换热器9,将热量释放到户外海域10。运行流程如图4-10所示,阀门开关控制如表4-15所示。

夏季工况海水源热泵系统制冷释热模式阀门控制　　　　表4-15

阀门	V1	V2	V3	V4	V5	V6	V7	V8	V9
开	√	√	√		√	√			
关				√			√	√	√

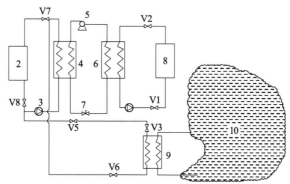

图4-10　海水源热泵夏季制冷释热模式

注:图中序号含义见图4-7。

③冬季(或过渡季节)工况:制热释冷模式

海水源热泵开启运行,并在此期间蓄冷水箱8水温已经达到系统设定值,海水源热泵制热蓄冷模式停止运行,此时,开启户外板式换热器9,将冷量释放到户外海域10,如图4-11所示。阀门开关控制见表4-16。

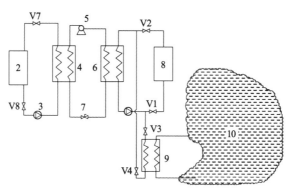

图4-11　海水源热泵冬季或过渡季节制热释冷模式

注:图中序号含义见图4-7。

冬季(或过渡季节)工况海水源热泵系统制热释冷模式阀门控制　　　　表4-16

阀门	V1	V2	V3	V4	V5	V6	V7	V8	V9
开	√	√	√	√			√	√	
关					√	√			√

(3)太阳能海水源热泵联供系统联合制热模式

在太阳能不十分充足的情况下,太阳能集热系统间歇运行,此时若其供给的热量达不到系统的要求,开启海水源热泵,使太阳能集热系统与海水源热泵系统同时联合运行,流程图如图4-12所示。阀门开关控制见表4-17。

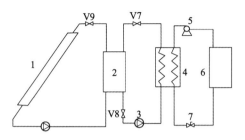

图 4-12 太阳能海水源热泵联供系统联合制热模式

注:图中序号含义见图 4-7。

太阳能海水源热泵联供系统联合制热模式阀门控制　　　　表 4-17

工况	阀门	V1	V2	V3	V4	V5	V6	V7	V8	V9
制冷+热回收	开	√	√					√	√	√
	关			√	√	√	√			
制热水+采暖	开	√	√	√	√			√	√	√
	关					√	√			

4.2 人工岛光伏发电建筑一体化技术

4.2.1 技术研究现状

1) 光伏电池

光伏发电是太阳能开发利用的重要应用途径之一,它通过太阳电池的光电转换过程实现直接发电,在世界范围内受到高度重视,发展迅猛,具有广阔前景。光伏发电的核心器件是太阳电池,也称光伏电池。太阳电池按照所用材料的不同分为单晶硅太阳电池、多晶硅太阳电池、硅薄膜太阳电池、碲化镉太阳电池、铜铟镓硒太阳电池、燃料敏化太阳电池、砷化镓太阳电池、钙钛矿太阳电池。

太阳电池及产业化技术方面,晶体硅太阳电池是目前光伏市场上的主流产品,占世界太阳电池产量的90%以上,预计在相当长的一段时间内晶体硅太阳电池仍为主角,并将向高效率、低成本和薄膜化方向发展,降低硅材料的生产费用是降低太阳电池成本的关键。多晶硅太阳电池制造工艺比单晶硅太阳电池成本更低,在晶硅电池中占有较大份额。目前,晶硅电池技术的研究热点包括:低成本太阳能级多晶硅生产技术、快速掺杂和表面处理技术、提高硅片质量、研究连续和快速的布线工艺、多晶硅电池表面织构化和薄片化技术等,以进一步降低成本。

从降低成本角度看,薄膜电池大大节省了昂贵的半导体材料,具有大幅度降低成本的潜力,因而也是当前国际研究开发的重要方向之一。目前,国际上已实现产业化生产的薄膜电池主要有非晶硅薄膜(a-Si)、碲化镉(CdTe)、铜铟镓硒(CIGS)等薄膜电池。如:工业化生产的大面积铜铟镓硒(CIGS)薄膜电池效率在15%以上、组件效率在10%以上和系统效率在8%以上,目前产业化技术还在不断地发展提升中。

近年来,钙钛矿太阳电池是继燃料敏化之后的新型薄膜太阳能电池,成为国内外的研究热点。与传统晶体硅太阳电池相比,钙钛矿太阳电池具有高开路电压、低温低能耗、适合于柔性衬底材料,可以兼顾效率和成本。研究发现,钙钛矿太阳能电池的转化效率或可高达50%,为目前市场上太阳能电池转化效率的2倍,能大幅降低太阳能电池的生产成本,具有发展潜力。目前,钙钛矿太阳电池产业化技术不成熟,还在小试阶段。

2) 光伏发电系统

由光伏组件、电能变换装置、负载、储能等构成的发电系统称为光伏发电系统。光伏发电系统按运行方式可分为并网光伏发电系统和离网光伏发电系统。

并网光伏发电系统(图4-13),是指通过并网逆变器与电网相连接并向电网馈送电力的光伏发电系统。并网逆变器是连接光伏组件和电网之间的关键电力变换设备,具有直流/交流转换、最大功率输出控制、防孤岛、过压/过流保护等功能。按照并网系统是否有储能装置,分为带储能和不带储能装置的并网发电系统。带有储能的并网发电系统具有可调度性,可以根据需要并入或退出电网,还具有备用电源的功能,当电网因故障停电时可紧急供电。不带储能的并网发电系统不具备可调度性和备用电源的功能,一般直接并入电网。目前,国内外广泛应用的地面集中式大型光伏电站、与建筑结合的分布式光伏电站基本都为并网光伏发电系统。并网型光伏发电系统份额在光伏发电应用领域占90%以上,是当前的主要应用方式。

离网光伏发电系统(图4-14),是指不与电网连接、由光伏方阵、离网逆变器、储能装置、负荷构成的独立发电系统。它包括广泛应用于山区、海岛等边远地区的独立供电系统,以及无电网地区的通信电源、阴极保护装置、太阳能路灯等各种带有蓄电池的可以独立运行的光伏发电系统,由于必须配有适合容量的蓄电池储能装置,系统单位造价比并网光伏发电系统高。随着各种储能技术的快速发展与应用,离网型光伏发电系统的发展潜力巨大。

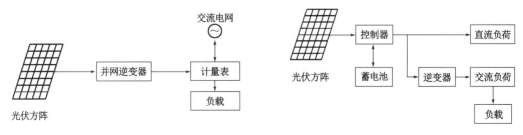

图4-13 并网光伏发电系统　　　　图4-14 离网光伏发电系统

4.2.2 应用现状

从目前的光伏发电应用市场看,晶体硅电池技术成熟、性能稳定,是光伏电池的主流产品,其市场主导地位在较长时期内不会改变。经过多年发展,"多晶硅-硅片-电池片-组件"等产业链各环节制造工艺成熟,特别是2008年以来上游多晶硅材料的大规模生产与成本的降低,晶硅光伏电池价格大幅下降,市场竞争优势愈加明显,主导地位更为凸显。晶体硅电池行业今后的发展路线:继续压缩多晶硅材料成本(比如冶金法)、提升电池转化效率、压缩各个环节的原材料消耗量(如降低硅片厚度)。按光伏发电系统全生命周期计算,目前晶硅光伏发电度电成本已与传统火电相当,到2020年将完全实现商业化应用,不再补贴。

薄膜电池的市场份额将继续提升。薄膜电池的成本优势因2008年以来晶体硅电池价格显著下跌而弱化。2007年以来全球范围内大量薄膜光伏电池投资开始发力,a-Si、CIGS、CdTe三种技术都取得了进步,目前度电成本接近晶硅光伏电池。另外,由于薄膜电池适合全自动化生产线生产,消耗材料少,相同产能所需生产成本更低,其成本压缩潜力巨大。

聚光光伏发电,是指通过聚光透镜或聚光反射镜将太阳光汇聚起来,在通过高转化效率的光伏电池转化为电能。由于聚光光伏电池片面积小,对光学元件的精度及跟踪系统的精度提出了很高的要求,这也成为束缚聚光光伏发展的主要技术瓶颈之一。聚光光伏系统的技术难点在于晶硅电池高倍聚光、电池散热、高精度聚光跟踪等方面,且系统的可靠性容易受恶劣自然条件的破坏(如热胀冷缩),因此聚光光伏市场前景不被看好,实际应用并不多。

光伏电池制造行业的特点是技术进步日新月异,很难预测某个关键技术是否获得突破,从而导致行业格局的改变。另外,纳米技术和光伏电池材料技术的结合,可能将整个光伏行业引向全新的时代。

光伏电站的建设需要占用大量土地,与地面光伏电站有所不同,光伏建筑一体化(building integrated photo voltaic,BIPV)采用光伏电池组件与建筑相结合的方式,在建筑物表面设计安装光伏组件,既不占用土地资源,又能有效降低建筑物的能耗,是目前分布式光伏发电的重要应用方向。在国内光伏发电市场,目前形成了地面光伏电站为主、分布式光伏电站齐头发展的模式。地面光伏电站主要建设于西北、内蒙古等土地和太阳资源丰富的荒漠地区,依靠大电网输送到负荷区。分布式光伏电站利用企业厂房、商业写字楼、居住建筑等建筑屋面安装光伏系统发电,实现就近发电就近使用。另外,光伏发电与农业、畜牧业大棚结合,在并网发电的同时不占用耕地面积,也是目前国内光伏应用的主要方式之一。

国家能源局2016年电力装机规划提到,2020年可再生能源总装机量将达到695GW,规划光伏发电装机100GW,要实现这一目标,"十三五"期间光伏发电装机容量将达到60GW,发展迅猛。国内光伏市场的快速发展,不仅有助于改善光伏制造业在国外受制于人的不利局面,同时也为我国能源结构调整、实现能源转型奠定了坚实基础。

4.2.3 人工岛各类建筑用电负荷核算

民用建筑的用电指标,尤其是负荷计算中系数的大小,一直是难以确定的问题。主要是因为民用建筑的情况比较复杂,不同的地区、不同的工程规模、不同的建设投资标准等,使每平方米建筑面积的用电量有较大的差异。

本方案参照《全国民用建筑工程设计技术措施 电气》中的"各类建筑物的用电指标",作为东人工岛、西人工岛建筑负荷计算的参考,见表4-18。

各类建筑物的用电指标 表4-18

建筑类别	用电指标(W/m²)	变压器容量指标(VA/m²)	建筑类别	用电指标(W/m²)	变压器容量指标(VA/m²)
公寓	30～50	40～70	医院	30～70	50～100
宾馆、饭店	40～70	60～100	高等院校	20～40	30～60
办公楼	30～70	50～100	中小学	12～20	20～30
商业建筑	一般40～80	60～120	展览馆、博物馆	50～80	80～120
	大中型60～120	90～180			
体育场馆	40～70	60～100	演播室	250～500	500～800
剧场	50～80	80～120	汽车库	8～15	12～34

1)东人工岛负荷建筑负荷计算

依据东人工岛建筑规划方案,东人工岛建筑按照三层、局部四层布置,其占地面积为7 466m²,总建筑面积为22 975m²,其中风机房总面积为7 072m²,公共空间总面积4 235m²,大桥展馆及科普馆总面积为3 754m²,停车场(包括应急救援车)面积2 579m²,超市、餐厅、食堂、休息厅总面积2 143m²,安保设施面积1 780m²,变电站总面积1 412m²等。主要用电负荷有风机、空调、室内照明、水泵等,各用电点的电源引自岛上房建区变电站低压出线端。东人工岛建筑负荷见表4-19。

东人工岛建筑负荷 表4-19

房建类别	建筑面积(m²)	用电指标(W/m²)	平均用电指标(W/m²)	负荷(kW)
风机房	7 072	40～80	60	424.32
公共空间	4 235	40～80	60	254.10
大桥展馆及科普馆	3 754	50～80	65	244.01
停车场	2 579	8～15	11.5	29.66
超市、餐厅、食堂、休息厅	2 143	40～80	60	128.58
安保设施	1 780	40～80	60	106.80
变电站	1 412	40～80	60	84.72
合计	22 975			1 272.19

2)东人工岛道路照明负荷计算

东人工岛设计岛长625m,宽225m,总面积为103 161m²。全岛采用椭圆形布设,形似"蚝贝"。路灯安装计算时,把人工岛当成规则的矩形形状来计算。通常市电供电线路,两台路灯的间距为50m,采用120W的LED路灯,那么环岛的单边道路可以安装的路灯数量为:[(625 + 225)÷50]×2 = 34支,总功率为4.08kW。

3)西人工岛负荷建筑负荷计算

依据西人工岛建筑规划方案,西人工岛建筑按三层、局部四层布置,其占地面积为7 664m²,总建筑面积为17 134m²。其中风机房总面积为5 203m²,公共空间总面积3 051m²,停车场(包括应急救援车)面积2 243m²,办公综合楼、应急、养护站办公总面积1 536m²,值班房、监控大厅总面积1 942m²,房建变电站房总面积1 412m²,通航安全管理、安保执勤792m²,环保监测站面积955m²。主要用电负荷有风机、空调、室内照明、水泵等,各用电点的电源引自岛上房建区变电站低压出线端。西人工岛建筑负荷见表4-20。

西人工岛建筑负荷 表4-20

房建类别	建筑面积(m²)	用电指标(W/m²)	平均用电指标(W/m²)	负荷(kW)
风机房	5 203	40~80	60	312.18
公共空间	3 051	40~80	60	183.06
办公综合楼、应急、养护站办公	1 536	50~80	65	99.84
停车场	2 243	8~15	11.5	25.79
值班房、监控大厅	1 942	40~80	60	116.52
房建变电站房	1 412	40~80	60	84.72
通航安全管理、安保执勤	792	40~80	60	47.52
环保监测站	955	40~80	60	57.3
合计	17 134			926.93

4)西人工岛道路照明负荷计算

西人工岛设计岛长625m,宽190m,总面积为97 962m²。全岛采用椭圆形布设,形似"蚝贝"。路灯安装计算时,把人工岛当成规则的矩形形状来计算。通常市电供电线路,两台路灯的间距为50m,采用120W的LED路灯,那么环岛的单边道路需要安装的路灯数量为:[(625 + 190)÷50]×2 = 32支,总功率为120W×32 = 3.84kW。

4.2.4 人工岛分布式光伏电站技术方案

1)分布式并网光伏系统

一般情况人工岛的光伏发电系统设计成并网系统,在白天光伏系统出力高峰时,恰好可以弥补负荷的用电峰值。并网光伏电站主要由太阳电池方阵、并网逆变器、直流以及交流配电、防雷系统等组成,包括太阳电池组件、直流电缆及汇流箱、逆变器、交流配电柜、接入系统等。其中,电池组件到逆变器的电气系统称为光伏发电单元系统,也称光伏发电单元方阵。并网逆变器输出三相电压并入市电 380V 低压侧,也可以根据需要接入 10kV 中压配电系统。

光伏方阵将太阳能转化为直流电,并通过直流汇流箱传递到与之相连的逆变器上,逆变器采用最大功率跟踪(maximum power point tracking,MPPT)技术最大限度将直流电(direct current,DC)转变成交流电(alternating current,AC),输出符合电网要求的电能,经升压与电网连接。光伏并网发电系统的原理示意如图 4-15 所示。其中,光伏发电系统的核心元件是光伏组件和并网逆变器。

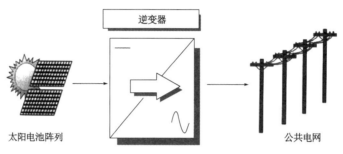

图 4-15　并网光伏系统原理图

2)光伏微电网系统

微电网是分布式能源的高级应用形式,人工岛也可采用微电网的运行管理模式,构建区域自治小电网。光伏微电网是由光伏组件、并网逆变器、储能系统、集控调度系统(或能量管理系统)、计量及配电等组成的可自治的小型发配电系统。以分布式光伏发电为主、结合储能技术与多种能源接入的分布式综合能源系统,通过多能互补集成的优势,有利于光伏等可再生能源高效接入和提高能源的综合利用效率,是未来学校、商业中心、工业园区、军事基地、新农村等能源供给的重要解决方案。中国科学院广州能源研究所与企业合作,于 2011 年 10 月建成的国内首个海岛(珠海东澳岛)MW 级风光-柴-蓄多能互补微电网系统示范工程投入商业化示范运行,效果良好,得到国内外媒体、科研机构和企业的广泛关注。该系统采用交流微网母线拓扑结构,两级微网结构、实现能量交互,也可独立运行。系统原理图如图 4-16 所示。

4.2.5　人工岛分布式光伏电站系统设计和主要设备选型

1)人工岛分布式光伏电站系统设计

本方案依据建筑设计院提供的东、西人工岛建筑设计图,结合具体的建筑屋面外围结构,提出了在建筑不同部位的几种太阳能光伏系统应用设计方案。

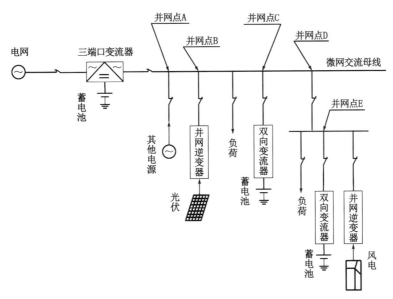

图 4-16　交流母线型微网拓扑结构

整个光伏电站分为5个子系统：

光伏子系统一。安装于东人工岛隧道进出口屋面，功率为200kWp，由784块255Wp单晶硅光伏组件、2台100kW逆变器、交流配电柜等组成，经接入系统并入市电。

光伏子系统二。安装于东人工岛建筑坡屋面，功率为300kWp，由1 177块255Wp单晶硅光伏组件、3台100kW逆变器、交流配电柜等组成，经接入系统并入市电。

光伏子系统三。安装于西人工岛隧道进出口屋面，功率为200kWp，由784块255Wp单晶硅光伏组件、2台100kW逆变器、交流配电柜等组成，经接入系统并入市电。

光伏子系统四。安装于西人工岛建筑坡屋面，功率为300kWp，由1 177块255Wp单晶硅光伏组件、3台100kW逆变器、交流配电柜等组成，经接入系统并入市电。

光伏子系统五。安装于西人工岛建筑幕墙，由总功率为50kWp的非晶硅光伏幕墙、1台50kW逆变器、交流配电柜等组成，经接入系统并入市电。

光伏系统总装机容量为1 050kWp。人工岛光伏系统见表4-21。

人工岛光伏系统　　表4-21

序号	光伏系统	系统容量(kWp)	安装占用面积(m²)	太阳电池类型
1	东人工岛隧道进出口屋面并网光伏系统	200	2 000	单晶硅
2	东人工岛建筑坡屋面并网光伏系统	300	3 000	单晶硅
3	西人工岛隧道进出口屋面并网光伏系统	200	2 000	单晶硅
4	西人工岛建筑坡屋面并网光伏系统	300	3 000	单晶硅
5	西人工岛建筑光伏幕墙	50	1 000	非晶硅
	合计	1 050		

(1)系统概要

人工岛隧道进出口屋面光伏系统设计安装于东人工岛和西人工岛海底隧道进出口的屋面上方,设计容量200kWp。利用东、西人工岛建筑的斜坡屋面设计安装300kWp光伏系统,系统由单晶硅太阳电池组件、组件支架、并网逆变器、直流及交流配电系统、防雷系统等构成。

系统为并网运行方式,并网逆变器将光伏组件产生的直流电能逆变成与电网同电压、频率同相位的交流电,向岛上建筑负荷供电。东、西人工岛光伏安装效果如图4-17、图4-18所示。

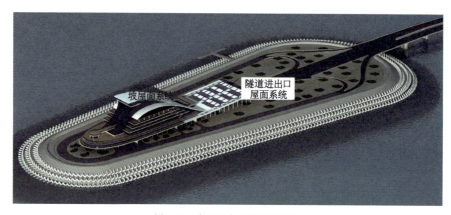

图4-17 东人工岛光伏安装效果

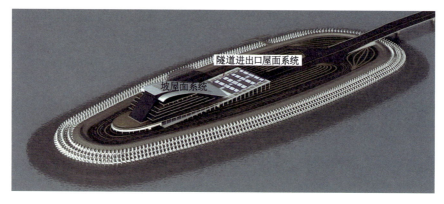

图4-18 西人工岛光伏安装效果

(2)系统分析

安装条件:

东人工岛和西人工岛海底隧道进出口上方的屋面面积相差不大,大约为4 500m²,除去屋面采光部分,剩余可安装利用面积约2 250m²,本系统设计光伏容量为200kWp,安装面积约为2 000m²,有效利用了屋面面积布设太阳能光伏阵列。

由于屋面朝向为南偏西,并非正南朝向,而太阳电池组件一般采取倾斜朝正南方向的安装方式,以获取年均最大的发电性能。但为了光伏阵列的布置与建筑屋面的一致性,不影响建筑外观,采取南偏西一个小角度,牺牲小部分发电性能换取光伏组件与建筑集成的一体化。

另一种安装方式是平面安装,光伏组件直接平铺安装于平屋面,但这种安装方式光伏组件损失的功率较大,优点是易于与建筑屋面集成,美观性也好。如东、西人工岛的建筑坡屋面,为了建筑屋面的整体考虑,采取斜屋面平铺的安装方式,也有利于光伏组件支架的设计安装。

(3)太阳电池选型

本系统设计选取高效的晶体硅光伏组件,如选用国内一线厂家生产的255Wp单晶硅光伏组件,标准条件下($1\,000\text{W/m}^2$,25℃)组件的光电转化效率在16%以上。

2)光伏方阵安装设计

(1)光伏组件安装倾角

在光伏系统的设计中,光伏组件方阵的放置形式和放置角度对光伏系统接收到的太阳辐射有很大的影响,从而影响到光伏供电系统的发电能力。与光伏组件方阵放置相关的有下列两个角度参量:光伏组件倾角、光伏组件方位角。光伏组件的倾角是光伏组件平面与水平地面的夹角。光伏组件方阵的方位角是方阵的垂直面与正南方向的夹角(向东偏设定为负角度,向西偏设定为正角度)。一般在北半球,光伏组件朝向正南(即方阵垂直面与正南的夹角为0°)时,光伏组件的发电量最大。

根据当地气候特点,一般情况下其组件与地面的夹角应参照当地纬度±(5°~10°)进行调整,还可以使用历史气象数据采用计算机模拟计算出最佳的倾斜角度。考虑当地气候特点及全年辐照量分布,本项目设计光伏组件的倾斜角度为当地纬度22°12′−2°,即20.2°。

(2)光伏方阵间距的确定

如果采用支架安装,必须考虑最佳倾角。一般考虑9:00~15:00之间光伏方阵之间的阴影影响。方阵之间的阴影与方阵的宽度、方阵倾角、当地纬度、赤纬角、时角等都有关系。方阵间距计算如图4-19所示。

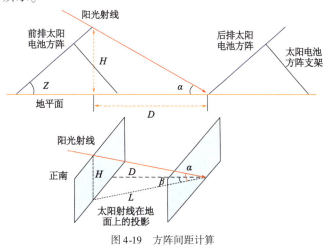

图4-19 方阵间距计算

由于全年太阳高度角的变化,在倾角安装时为了避免光伏组件之间出现遮阴,需要考虑到前后组件阵列的间距问题。设计原则为:冬至日的9:00~15:00,光伏方阵不应被遮挡。设光伏阵列最小间距为 D,计算公式为:

$$D = \frac{0.707H}{\tan[\arcsin(0.648\cos\phi - 0.399\sin\phi)]}$$

式中: ϕ——纬度;

H——光伏组件安装高度。

如果直接平铺在屋顶或者平行屋面安装,不存在前后的遮挡问题,只要留出方便的检修通道即可。

(3)西人工岛光伏幕墙

光伏幕墙系统设计安装于西人工岛会议中心边门厅上空的幕墙位置(图4-20),设计系统容量50kWp。系统由非晶硅太阳电池组件、组件支架、并网逆变器、直流和交流配电系统、防雷系统等构成。

系统为并网运行方式,并网逆变器将光伏组件产生的直流电能逆变成与电网同压、同频、同相位的交流电,向岛上建筑负荷供电。

图4-20　西岛光伏幕墙安装效果

在建筑太阳能一体化系统(BIPV)中,太阳能电池不仅提供电力,还充当着建材的功能,因此必须充分考虑到建筑设计的要求,比如采光、视觉效果、隔音、保温隔热等因素。西人工岛会议中心边门厅上空的幕墙设计采用光伏幕墙取代玻璃幕墙,太阳能电池组件作为建筑材料与建筑的有机结合应用具有美观的建筑艺术效果,是今后太阳能节能建筑的发展方向。

本系统设计光伏幕墙功率为50kWp,非晶硅太阳电池组件功率面积比大约为 $50Wp/m^2$,安装总计占用面积为 $1\,000m^2$。非晶硅太阳电池组件的尺寸大小可以根据幕墙的安装支架,通过厂家来定制合适的产品。

幕墙位置朝东向,早上阳光直射、到午后为斜射或散射光,此时光伏组件输出功率锐减,影响发电性能。因晶体硅光伏电池对直射光敏感,不是最佳方位。一般认为,非晶硅太阳电池的弱光发电效果比晶体硅太阳电池要好,比较适合于安装在立面墙等采光时间短、遮阴变化大等受光条件欠佳且注重建筑整体外观要求的场合。

非晶硅太阳电池在颜色、透光率等方面很有特色,具有较好的建筑适配效果。建筑中应用的非晶硅太阳电池组件(图4-21)主要有非晶硅光伏夹层玻璃和非晶硅光伏中空玻璃。非晶硅光伏中空玻璃还具有优秀的隔热保温性能,是光伏幕墙的理想选择。

图4-21 非晶硅太阳电池

玻璃幕墙部分采用非晶硅太阳电池组件取代,安装面积约为$1\,000\,m^2$。安装后一年峰值功率会降低10%,此后进入稳定效率期,这是该电池材料决定的。销售时按稳定效率计算。

考虑到与建筑的结合,正规标准封装的太阳电池组件很难满足造型的需求。非晶硅太阳电池组件以及天窗安装支架由太阳电池厂家生产加工。为了保证合理的采光性及通透的视野,可以通过非晶硅太阳电池的激光蚀刻工艺设计成不同的透光效果,设计透光组件的透光率为10%~20%。安装采用隐框方式,组件的大小可以根据原设计边框加工制作。接线盒与引出线在电池板背面,可以方便地进行电池板的串并联,然后通过预留通道汇集到配电房。

3) 主要设备选型

(1) 单晶硅光伏组件

光伏组件是光伏系统的关键部件。光伏组件采用高效率晶硅太阳电池、高透光率钢化玻璃、EVA/Tedlar、抗腐蚀铝合金边框等材料,使用先进的真空层压工艺以及脉冲焊接工艺制造,确保产品在最严酷的环境中的长寿命和高可靠性。组件的背面安装有防水接线盒,通过接线盒可以方便地与外电路连接。

光伏组件选用国内一线品牌单晶硅组件(图4-22),电池转换效率高($\geqslant 16\%$)、衰减小。

(2) 非晶硅太阳电池组件

本项目设计采用国内某知名品牌透光非晶硅光伏组件(图4-23),透光工艺有点透式和百叶式,为夹层玻璃封装结构或者中空玻璃封装结构。非晶硅太阳电池技术参数见表4-22。

图4-22 国产255Wp单晶硅组件

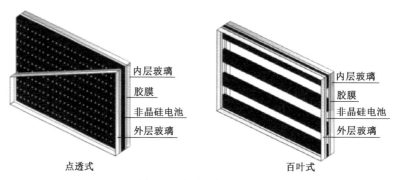

图 4-23 非晶硅太阳电池

非晶硅太阳电池技术参数 表 4-22

结构特点	属于三层夹层玻璃
封装结构	外层玻璃、胶膜、非晶硅电池、胶膜、内层玻璃。 外层玻璃为透光性好的白玻璃,内层玻璃可根据需要选择各种颜色或者镀膜的玻璃
种类	全遮式:不透光; 点(线)透式:从激光打的圆点或刻线处透光; 百叶式:从电池间隔处透光
使用范围	适用于建筑物的各立面墙和有阴影遮挡面
技术参数	转化效率:5%~8%; 电池厚度:常用 3mm; 颜色:深棕色; 使用环境温度:-40~85℃; 玻璃厚度:7~22mm 各种组合

(3) 光伏并网逆变器

并网型逆变器选型时应考虑具有过/欠压保护、过/欠频保护、防孤岛保护、恢复并网保护、过流保护、极性反接保护、过载保护功能和绝缘阻抗监测、残余电流监测等功能。逆变器选用效率≥95%含变压器型逆变器,且输出功率需满足以下条件:功率因数应不小于 0.98,输出有功功率在 20%~50% 之间时,功率因数不小于 0.95。

一般情况下,单台逆变器容量越大,单位造价相对较低,目前国内大容量并网逆变器中,500kW 以下的并网逆变器相对比较成熟,已经投运的数量众多,性能较好。故拟配置 50kW 和 100kW 的大容量并网逆变器。

本项目选用国产 50kW 和 100kW 三相光伏逆变器,技术参数见表 4-23。

(4) 直流汇流箱

直流汇流箱具有避雷防电涌装置。直流汇流箱又名太阳能光伏汇流箱、光伏阵列防雷汇流箱、光伏防雷汇流箱。汇流箱有 4 路、8 路、12 路、16 路标准规格型号的产品,可接入 4 路、8 路、12 路、16 路太阳能电池串列,每路电流最大可达 10A。直流汇流箱如图 4-24 所示。

三相并网光伏逆变器一般技术参数　　　　　　　　表4-23

型号	50kW	100kW
直流侧参数		
最大直流电压	900VDC	900VDC
满载MPP电压范围	450～820V	450V
最低电压	450V	250A
交流侧参数		
额定输出功率	50kW	100kW
最大输出功率	55kW	110kW
最大交流输出电流	80A	158A
额定电网电压	400VAC	400VAC
允许电网电压	310～450VAC	310～450VAC
额定电网频率	50Hz/60Hz	50Hz/60Hz
允许电网频率	47～52Hz/57～62Hz	47～52Hz/57～62Hz
总电流波形畸变率	<3%(额定功率)	<3%(额定功率)
系　　统		
最大效率	96.6%(含变压器)	97.0%(含变压器)
欧洲效率	95.7%(含变压器)	96.4%(含变压器)
防护等级	IP20(室内)	IP20(室内)
夜间自耗电	<30W	<30W
允许环境温度	-25～55℃	-25～55℃
冷却方式	风冷	风冷
允许相对湿度	0%～95%,无冷凝	0%～95%,无冷凝
允许最高海拔	6 000m(超过2 000m需降额使用)	6 000m(超过3 000m需降额使用)
最大效率	96.6%(含变压器)	96.6%(含变压器)
显示与通信		
显示	LCD	LCD
标准通信方式	RS485	RS485
可选通信方式	以太网	以太网
机　械　参　数		
宽×高×深	800mm×1 984mm×646mm	1 020mm×1 964mm×770mm
净重	643kg	925kg

直流汇流箱的特点包括:①满足室外安装的使用要求;②同时可接入4路、8路、12路、16路光伏阵列,每路配16A、1 000V保险丝;③配有光伏专用高压防雷器,正极负极都具备防雷功能;④采用正负极分别串联的四极断路器提高直流耐压值;⑤对输入阵列进行电流监控,本机

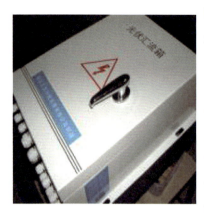

图 4-24 直流汇流箱

LED 显示及通过 RS485 方式输出电流值;⑥对汇流后电压进行监控、显示并通过 RS485 方式输出电压值。

(5)交直流配电柜

交直流配电柜内含直流配电单元和交流配电单元,其中,直流配电单元主要是将汇流箱输入的直流电源进行汇流后接入逆变器,该配电单元含直流输入断路器、防反二极管、光伏防雷器;交流配电单元主要是通过配电给逆变器提供并网接口,该配电单元含网侧断路器、防雷器,配置发电计量表、逆变器并网接口及交流电压电流表等装置。其在光伏电站配电系统的主要作用是对备用逆变器的切换功能,保证系统的正常供电,同时还有对线路电能的计量。

设计时应考虑的因素有:①系统布线简单;②操作维护简单方便;③系统可靠性高,安全性能好;④选用光伏专用直流断路器;⑤采用光伏防雷模块;⑥根据客户需求定制系统配置;⑦交流输入电压为 220V/380V±10%;⑧输入功率≤500kV·A;⑨配电柜防护等级为 IP30;⑩最大海拔高度 2 000m;⑪周围空气温度上限为 +45℃,下限为 -25℃;相对湿度不大于 95%。

4.3 海上人工岛可再生能源评价方法构建及应用

4.3.1 常规能源系统技术参照方案

根据人工岛的设计规划和能源需求分析,人工岛关键耗能系统的常规技术方案,主要有以下三方面的用电负荷。

1)空调系统

VRV 多联空调系统是由一台室外机通过冷媒铜管连接多台室内机组成的,俗称为"一拖多"中央空调系统。该系统采用冷媒直接蒸发对室内空气进行冷却处理,不存在二次换热,效率高。

电锅炉是以电力为能源,利用电阻发热或电磁感应发热,通过锅炉的换热部位把热媒水或有机热载体(导热油)加热到一定参数(温度、压力)时,向外输出具有额定工质的一种热能机械设备。

2)设备工作负荷

人工岛建筑设备工作负荷主要有监测控制设备、通信设备、办公设备、消防应急设备等,这些设备供电一般采用电网通过变压器从 10kV 变电站降压到 380V 进行双回路供电,一些数据中心、消防等关键设备还需要储能电池储能作为备用。为保障人工岛系统供电安全,人工岛设计采用岸电经过电缆输送到人工岛进行供电,配备柴油机或蓄电池作为备用电源。

3) 照明系统

照明节能也是节能领域的重点,我国照明用电占全社会用电量的 25%。高效光源是照明节能的首要因素,必须重视高效光源的选型。根据应用场所条件不同,主要有四类高效光源:第一类是以高/低压钠灯、金属卤化物灯、高频无极灯为代表的高强度气体放电(high intensity discharge,HID)灯,适用于高大工业厂房、体育场馆、道路、广场、户外作业场所等;第二类以直管荧光灯为主,适用于较低矮的室内场所,如办公楼、教室、图书馆、商场,以及高度在 4.5m 以下的生产场所(如仪表、电子、纺织、卷烟等);第三类以紧凑型荧光灯(包括"H"形、"U"形、"D"形、环形等)为主,替代白炽灯,适用于家庭住宅、旅馆、餐厅、门厅、走廊等场所;第四类光源是最近几年兴起的大功率 LED 照明。LED 照明被称为人类照明的第三次革命,与传统光源相比,具有超长寿命、低功耗、显色好、无污染的特点。在同样耗电量的情况下,LED 的光通量远高于目前主流的照明产品。经过多年的技术进步,目前 LED 的光效可达到 150Lm/W,LED 光源成本逐年下降,加快了在商用和民用照明领域传统光源的替代,呈现出爆发式增长趋势。LED 光源与传统光源对比见表 4-24。

LED 光源与传统光源对比　　　　　　　　　　　　　表 4-24

指　标	白炽灯	荧光灯	LED
能量转换效率(%)	5	25	50
光效(Lm/W)	10~15	50	80~150
特点	显色性最好,发光效率最低,寿命短	发光效率高,成本低,制造工艺成熟	高效节能环保、寿命长、显色指数好

4.3.2 可再生能源系统技术方案

近年来,可再生能源技术发展很快,技术的安全性和可靠性逐渐增加,成本也不断降低,另一方面,能源系统对可持续性与节能环保特性的要求越来越高,这些都为可再生能源技术的应用提供了较大的发展空间。根据人工岛的设计规划以及主要能耗分析,集成可再生能源利用的先进技术,提出以太阳能利用为主、风能与海水源热能并行利用的人工岛可再生能源利用方案。

1) 太阳能海水源热泵冷热联供系统

太阳能海水源热泵联供系统是利用太阳能与海水源热能作为热泵热源的复合热源热泵系统,属于太阳能与海水源热能综合利用的一种形式。由于太阳能与海水源热源具有很好的互补与匹配性,因此太阳能海水源热泵复合系统具有单一太阳能与海水源热泵无可比拟的优点。

系统主要用于供应港珠澳大桥人工岛的热水及承担建筑制冷采暖的任务。根据人工岛的日照条件及热水负荷、空调负荷变化情况,配置两台热泵机组,大机组用于消耗制冷采暖负荷,小机组用于提供生活热水。通过选择热泵系统的不同热源、连接方式以及每一热源运行时间的分配比例，系统可实现多种运行工况。其主要运行模式主要有三种：太阳能直接供暖与供生活热水，海水源热泵冷热联供，太阳能海水源热泵联合制热。其中，海水源热泵冷热联供可以实现一机多用功能，即实现夏季制冷热回收工况，夏季制冷释热工况，冬季或过渡季节制热释冷工况，部分负荷空调工况。

当太阳辐射强度较高时，如夏季，一般直接利用太阳能提供生活热水。系统采用的太阳能集热器每日的实际集热量约 2 000kcal/m²，当太阳能加热蓄热水箱水的温度达到生活热水温度要求时，太阳能集热系统直接提供生活热水，小热泵机组停开；当太阳辐射强度比较低时，如短时间的阴雨天气及早上与傍晚，太阳能集热器的有效集热量为零甚至为负值，用蓄热水箱中所储存的太阳辐射热量不能满足建筑物的热水需求时，可开启全年综合能耗比约为 3.0 的海水源热泵制取热水；在过渡季节，如春秋两季，太阳辐射强度中等，可采用太阳能海水源联合供应热水模式。

在建筑制冷采暖方面，系统主要采取海水源热泵独立运行或太阳能海水源热泵联合运行模式。根据日照条件，太阳能集热器由控制器来实现自动开停。每一流程中太阳能集热器和海水源热交换器运行工况有着不同的分配与组合，流程的切换通过阀门的开关实现。制冷工况下系统全年的综合能效比为 6.0；制热工况下系统全年的综合能效比为 5.0。

2）建筑光伏发电系统

光伏发电是一种绿色电力，取之不尽，用之不竭，对环境友好，无污染。可采用太阳能光伏建筑一体化技术，实现太阳能屋顶、太阳能天窗、太阳能遮阳板、太阳能幕墙等光伏发电。依据港珠澳大桥人工岛建筑的规划设计，结合具体的建筑屋面外围结构，提出了用于建筑不同部位的太阳能光伏系统整体设计方案，总装机容量为 1 050kWp。该光伏发电系统根据季节的不同，可满足建筑设备工作负荷的30%～50%，提供部分绿色电力。

3）太阳能景观灯、风光互补路灯

利用太阳能和风能来解决路灯照明问题是利用可再生能源的有效方法之一，在人工岛引入太阳能、风能路灯照明技术具有良好的示范意义和实际节能减排效果。

在一些独立的供电系统中，太阳能光伏发电与其他的发电形式共存互补，形成独立混合发电系统，如风光互补路灯就是其中的一种应用。风光互补路灯为多能源互补的独立发电系统，风能和太阳能分别独立为系统提供能源。白天光照充足时，太阳电池为蓄电池充电，到了晚上蓄电池为光源供电，控制器对蓄电池进行充放电控制保护。白天，在风力达到风机的切入风速时，风机输出三相交流电能，控制器经过 AC-DC-DC 三级能量变换，控制输出充电电压和电流，对蓄电池进行充电。夜间负载工作时，由风力发电和蓄电池共同为负载供电。太阳能与风能在时间上和地域上都有很强的互补性，此种资源上的最佳匹配性使风光互补路灯具备了很好的工作可靠性和经济性。

在东、西人工岛上应用太阳能景观灯、风光互补路灯,以可再生资源为道路照明提供电力,就近使用,减少对岛外能源的依赖。路灯光源首选目前高光效、长寿面的 LED 照明作为人工岛照明光源,根据《城市道路照明设计标准》(CJJ 45—2015)规范,大功率 LED 光源完全能够满足道路照明的要求,相同照度下比传统光源节能 50%。

4.3.3 可再生能源应用评价指标体系

1)评价指标体系的设计原则

鉴于影响人工岛节能减排关键技术的因素较多、评价难度大,海上人工岛可再生能源应用的评价指标体系在以下原则基础上建立。

(1)科学性

科学的选择指标,客观真实地反映节能减排关键技术的综合效果。只有坚持科学性原则,获得的信息才具有可靠性和客观性,评价的结果才会真实有效。

(2)系统性

系统的选取指标,尽可能做到备选因素系统全面且多样。既要做到相对全面,又要突出重点。要将各子系统有机结合,并在系统的不同层次上采用不同的指标,反映最主要和最全面的信息。

(3)可行性

选取的指标应尽可能利用现有统计资料,易于采集获取。为了能有效地应用到实际的分析,指标需概念明确、内容清晰,具有可测性、可比性。

2)建立评价指标体系

依据评价指标体系的设计原则,通过对各个预选指标进行筛选分析,将反映节能减排关键技术效益的主要因素层层分解,从能源效益、环境效益、经济效益和社会效益四方面构建综合评价指标体系,具体结构见表 4-25。

关键能源技术及系统节能减排综合评价指标体系　　　　表 4-25

目 标 层 Z	准则层 Y	指标层 X
关键技术及系统综合评价	能源	年耗电量; 可再生能源利用率
	环境	污染物年排放量
	经济	初投资成本; 年经营成本; 净利润; 内部收益率; 投资回收期
	社会	安全性; 稳定性

本评价指标体系分为四大方面,三个层次,十项指标。目标层为关键技术节能评价结论;准则层反映指标类型;指标层为表述性指标,直接反映节能评价体系的具体特征,涉及年耗电量、可再生能源利用率、污染物年排放量、系统初投资成本、年经营成本等十项指标。

3)主要指标内容说明

(1)能源指标

年耗电量(万 kW·h)指人工岛关键耗能系统每年运行的耗电量。

可再生能源利用率(%),指人工岛关键耗能系统的可再生能源利用比例,即单位一次能源消耗所能够得到的能量 E。

对于热泵系统:E = 热泵输出的有效能力/一次能源消耗量。

$$E = \frac{制热量}{一次能耗} = \eta_1 \cdot \eta_2 \cdot \frac{HSPF}{1+\varepsilon}$$

式中:η_1——火电发电热源效率取 32%,水电取 80%;

η_2——输电效率,取 90%;

HSPF——供热季节性能系数,取 4~4.5;

ε——发电厂自用电率,取 8%。

(2)环境指标

污染物年排放量,指人工岛关键耗能系统每年排放的 CO_2、SO_2、NO_x 和烟尘量(kg)。

(3)经济指标

初投资成本(万元),指人工岛关键耗能系统取得投资时实际支付的全部价款,包括设备费、安装费、土建及运输费还有税费等。

年经营成本(万元),指人工岛关键耗能系统每年应该负担的全部成本,包括电费、水费、人工维护费等。

净利润(万元),指人工岛关键耗能系统在利润总额中按规定交纳了所得税后的利润留成。

内部收益率(%),指人工岛关键耗能系统在整个计算期内各年净现金流量的现值之和等于零时的折现率,主要反映投资可望达到的报酬率。

投资回收期(年),指从人工岛关键耗能系统的投建之日起,用系统所得的净收益偿还原始投资所需要的年限。此处采用动态投资回收期 T_p,即把投资各年的净现金流量按基准收益率折成现值之后,再来推算投资回收期。

(4)社会指标

安全性,指人工岛关键耗能系统避免处在潜在危险或不稳定状态的能力,为定性指标,分为优、良、中、差四等。

稳定性,指人工岛关键耗能系统随时间的变化,性能不变的能力,为定性指标,分为优、良、中、差四等。

4.3.4 可再生能源技术应用评价

1)人工岛建筑应用太阳能海水源热泵冷热联供技术评价

(1)东人工岛能源与环境评价

①全年能耗

太阳能海水源热泵可再生能源系统全年能耗为382 572kg 标准煤,"VRV+电热水器"的全年能耗为570 481kg 标准煤,太阳能海水源热泵系统与常规系统相比,其全年可节约能耗187 909kg 标准煤。

②一次能源利用率

太阳能海水源热泵可再生能源系统一次能源利用率为120%,"VRV+电热水器"的一次能源利用率为68%,太阳能海水源热泵系统与常规系统相比,其一次能源利用率提高43.1%。

③CO_2 排放量

太阳能海水源热泵可再生能源系统全年 CO_2 排放量 637 997kg/年,"VRV+电热水器"的全年 CO_2 排放量951 364kg/年,太阳能海水源热泵系统与常规系统相比,其全年可减少 CO_2 排放量313 366kg/年。

④烟尘排放量

太阳能海水源热泵可再生能源系统全年烟尘排放量3 676kg/年,"VRV+电热水器"的全年烟尘排放量5 482kg/年,太阳能海水源热泵系统与常规系统相比,其全年可减少烟尘排放量1 806kg/年。

⑤SO_2 排放量

太阳能海水源热泵可再生能源系统全年 SO_2 排放量 1 335kg/年,"VRV+电热水器"的全年 SO_2 排放量 1 992kg/年,太阳能海水源热泵系统与常规系统相比,其全年可减少 SO_2 排放量656kg/年。

⑥NO_x 排放量

太阳能海水源热泵可再生能源系统全年 NO_x 排放量229kg/年,"VRV+电热水器"的全年 NO_x 排放量342kg/年,太阳能海水源热泵系统与常规系统相比,其全年可减少 NO_x 排放量113kg/年。

(2)西人工岛能源与环境评价

①全年能耗

太阳能海水源热泵可再生能源系统全年能耗为237 990kg 标准煤,"VRV+电热水器"的全年能耗为 355 203kg 标准煤,太阳能海水源热泵系统与常规系统相比,其全年可节约能耗 117 213kg 标准煤。

②一次能源利用率

太阳能海水源热泵可再生能源系统一次能源利用率为 130%,"VRV + 电热水器"的一次能源利用率为 68%,太阳能海水源热泵系统与常规系统相比,其一次能源利用率提高 48.8%。

③CO_2 排放量

CO_2 排放量太阳能海水源热泵可再生能源系统全年 CO_2 排放量 396 884kg/年,"VRV + 电热水器"的全年 CO_2 排放量 592 355kg/年,太阳能海水源热泵系统与常规系统相比,其全年可减少 CO_2 排放量 195 471kg/年。

④烟尘排放量

太阳能海水源热泵可再生能源系统全年烟尘排放量 2 287kg/年,"VRV + 电热水器"的全年烟尘排放量 3 413kg/年,太阳能海水源热泵系统与常规系统相比,其全年可减少烟尘排放量 1 126kg/年。

⑤SO_2 排放量

太阳能海水源热泵可再生能源系统全年 SO_2 排放量 831kg/年,"VRV + 电热水器"的全年 SO_2 排放量 124kg/年,太阳能海水源热泵系统与常规系统相比,其全年可减少 SO_2 排放量 409k/年。

⑥NO_x 排放量

太阳能海水源热泵可再生能源系统全年 NO_x 排放量 142kg/年,"VRV + 电热水器"的全年 NO_x 排放量 213kg/年,太阳能海水源热泵系统与常规系统相比,其全年可减少 NO_x 排放量 7kg/年。

(3)东人工岛经济性评价

①初投资对比

太阳能海水源热泵可再生能源系统含税工程造价 364.4 万元,"VRV + 电热水器"的含税工程价为 337.9 万元,太阳能海水源热泵系统与常规系统相比,增加投资费用 26.6 万元,其初投资费用是常规系统的 1.1 倍。

②年经营成本对比

太阳能海水源热泵可再生能源系统年经营成本为 90.5 万元,"VRV + 电热水器"的年经营成本为 205.5 万元,太阳能海水源热泵系统与常规系统相比,其节省运行费用 115.0 万元,经营成本节省率为 56.0%。

③寿命周期成本对比

太阳能海水源热泵可再生能源系统 10 年寿命周期成本为 1 063.1 万元,"VRV + 电热水器"的 10 年寿命周期成本为 1 924.4 万元,太阳能海水源热泵系统与常规系统相比,在设备使用期内其节省运行费用861.3万万元,寿命周期成本节省率为44.8%。

④项目回收期

本项目太阳能海水源热泵可再生能源系统静态回收为5.0年,动态回收期为5.7年。

(4)西人工岛经济性评价

①初投资对比

太阳能海水源热泵可再生能源系统含税工程造价为223万元,"VRV+电热水器"的含税工程价为211.7万元,太阳能海水源热泵系统与常规系统相比,增加投资费用11.6万元,其初投资费用是常规系统的1.1倍。

②年经营成本对比

太阳能海水源热泵可再生能源系统年经营成本为56.5万元,"VRV+电热水器"的年经营成本为132.4元,太阳能海水源热泵系统与常规系统相比,其节省运行费用75.9万元,经营成本节省率为57.3%。

③寿命周期成本对比

太阳能海水源热泵可再生能源系统10年寿命周期成本为659.8万元,"VRV+电热水器"的10年寿命周期成本为1 234.0元,太阳能海水源热泵系统与常规系统相比,在设备使用期内其节省运行费用574.2万元,寿命周期成本节省率为46.5%。

④项目回收期

本项目太阳能海水源热泵可再生能源系统静态回收期为4.6年,动态回收期为5.1年。

2)人工岛光伏并网发电技术评价

(1)太阳辐射情况

港珠澳大桥所在地区处于低纬度,光照充足,为国家三类太阳能资源分布区,朝南倾斜面上年太阳总辐射大于4 000MJ/m^2。夏季辐射量占全年总量46%,冬季辐射量占全年总量15%,春季占20%,秋季占18%,具有较大的太阳能应用潜力。水平面太阳辐射量年平均1 214.64(kW·h)/m^2,即年峰值小时数约为1 214h,当然,不同年份有±5%~10%的差异(据统计)。

本方案采用了位于珠江口东澳岛的太阳能资料数据作为本项目的参考(两地位置相距15km)。

(2)单晶硅衰减要求

一般单晶硅衰减曲线:第一年内衰减小于2%,使用10年后功率衰减不超过10%,组件使用20年输出功率衰减不超过20%,组件使用寿命不低于25年。

(3)系统转换效率

光伏发电系统的转换效率与光伏组件转换效率、逆变器效率、直流传输损耗、太阳电池温

度、组件表面清洁度等相关,系统效率计算如下:

系统转换效率 = 光伏组件转换效率 × 逆变器效率 × (1 - 线路损耗) × (1 - 其他损耗)

其他损耗由太阳电池温度、组件表面清洁度等因素造成,单晶硅光伏组件平均效率约16%,逆变器效率97%,线路损耗3%,其他损耗8%,那么

系统转换效率 = 16% × 97% × (1 - 3%) × (1 - 8%) ≈ 13.85%

(4)系统发电量估算

光伏电站场址周围全年每天无遮挡、大气空气清洁度较好、光伏组件按最佳倾角安装,根据太阳辐射数据,确定最终的上网电量。取单晶硅光伏组件平均效率16%,理论发电量是在理想情况下得出的发电量,实际上网电量受较多因素影响,估算难度较大,根据上面系统转换效率估算,实际发电量平均约为理论值的85%(经验数据)。理论发电量通过当地太阳日照历史数据统计出的年平均峰值小时数估算:

年理论发电量(kW·h) = 光伏系统装机容量(kWp) × 当地年平均峰值小时数(h)

上述方案理论年发电量见表4-26。

人工岛光伏发电系统年发电量估算 表4-26

序号	名称	安装面积(m²)	标称输出功率(kWp)	理论年发电量(万kW·h)	实际发电量(万kW·h)
1	东人工岛隧道进出口屋面并网光伏系统	2 000	200	24.28	20.64
2	东人工岛坡屋面并网光伏系统	3 000	300	36.42	30.96
3	西人工岛隧道进出口屋面并网光伏系统	2 000	200	24.28	20.64
4	西人工岛坡屋面并网光伏系统	3 000	300	36.42	30.96
5	西人工岛建筑光伏幕墙	1 000	50	3.03	2.58
合计			1 050	124.43	105.78

(5)经济效益(投入产出分析)

按目前国内光伏系统成本,标准晶硅光伏组件为人民币3元/Wp左右,并网光伏系统造价约6元/Wp计算,1 050kWp初始投资约人民币630万元。本项目规模小,全部为自有资金,不考虑贷款。

考虑组件年衰减率为0.8%,人工岛光伏系统25年累计发电量为2 390.63万kW·h。考虑一定的利润,不计固定资产残值以及资金的时间价值,仅按静态投资计算,在光伏生命周期(25年),光伏发电度电成本计算公式为:

$$度电成本 = \frac{初始投资 + 总人员费 + 总设备维护费 + 税收}{总发电量}$$

按以上静态投资计算,光伏发电全生命周期内(25年),其度电成本为0.44元/(kW·h)。根据2013年8月国家发改委发布的《关于发挥价格杠杆作用促进光伏产业健康发展的通知》,明确分布式光伏发电上网电价补贴为0.42元/(kW·h),执行期限原则上为20年。如果按市政公共设施用电电费0.85元/(kW·h)计,采用"自发自用,余电上网"运行模式,人工岛光伏发电全部被负荷消纳。

本系统静态投资回收期=初始投资额/年净收益,由于考虑了光伏组件的功率衰减,光伏电站的年发电量不固定,年净收益也不固定,这里以年平均净收益来计算。依表4-27数据,静态投资回收期:630万元/(1 998.03万元/25年)≈7.9年。

"自发自用,余电上网"模式经济效益分析   表4-27

序号	项目	25年合计	备注
1	用电电价[元/(kW·h)]	0.85	
2	度电补贴[元/(kW·h)]	0.42	
3	发电量(万kW·h)	2 390.63	
4	发电收益(万元)	3 036.10	
5	维护人员1人工资及福利费(万元)	100.00	4万/年
6	设施维护维修费(万元)	50.00	2万/年
7	财务费用-利息(万元)	0.00	
8	固定资产投资(万元)	630.00	
9	营业税金及附加(17%)(万元)	258.07	光伏发电增值税退税50%
10	营业利润(万元)	1 998.03	

电站全生命周期内,净利润计算公式:

净利润=发电收益-总工资及福利费-维修费-财务费-税金-固定资产投资

经计算,人工岛1 050kWp光伏电站在25年生命周期内毛利润为1 998.03万元。

(6)环境效益

光伏发电属于清洁可再生能源,无论从能源角度,还是从环境角度,都是未来发展的重点,光伏并网发电的推广应用,无疑会带来良好的环境效益。

目前我国发电耗煤为平均339g标准煤/(kW·h)(能源基础数据汇编,国家计委能源所),人工岛1 050kWp光伏发电系统在25年生命周期内,总发电量为2 390.63万kW·h,相当于节省标准煤约7 487.4t[339g标准煤/(kW·h)],减排CO_2 19 916.56t(2.66tCO_2/t标准煤),减排SO_2 63.65t(8.5kgSO_2/t标准煤)。

4.3.5 可再生能源系统综合评价

本章根据表4-25的评价指标体系以及前面章节对可再生能源利用的逐项分析,建立常规能源与可再生能源系统的综合效益评价模型,定量分析不同技术方案的多元效应,为海上人工岛建设绿色、低碳的冷热电供应体系提供科学的技术选择依据。

1) 能源效益

东人工岛冷热供应系统为 25 454m² 的建筑提供每年约 150 天,每天运行 8h 的制冷;每年约 90 天,每天运行 10h 的采暖;计算可得东人工岛空调制冷采暖耗电量见表 4-28,东人工岛常规能源年耗电 139.5 万 kW·h,可再生能源年耗电 57.2 万 kW·h,每年节省 59% 用电。

西人工岛冷热供应系统为 18 185m² 的建筑提供每年约 150 天,每天运行 8h 的制冷;每年约 90 天,每天运行 10h 的采暖;计算可得西人工岛空调制冷采暖耗电量见表 4-28,西人工岛常规能源耗电 86.6 万 kW·h,可再生能源耗电 35.5 万 kW·h,每年节省 59% 用电。

东、西人工岛空调制冷采暖耗电量分析　　　　表 4-28

指　标	东人工岛		西人工岛	
	VRV 空调机组	太阳能海水源热泵	VRV 空调机组	太阳能海水源热泵
冷负荷(kW)	1 807.7	1 807.7	1 122.1	1 122.1
热负荷(kW)	1 171.7	1 171.7	727.3	727.3
制冷功率(kW)	723.1	301.3	448.8	187.0
制热功率(kW)	585.9	234.3	363.7	145.5
制冷运行小时(h)	1 200	1 200	1 200	1 200
采暖运行小时(h)	900	900	900	900
年耗电量(万 kW·h)	139.5	57.2	86.6	35.5

东人工岛冷热供应系统为 25 454m² 的建筑提供每年 365 天,每天 24h 的热水。采用常规能源电锅炉供应热水,每年耗电 124 496kW·h;采用太阳能海水源热泵系统,有三种运行工况。太阳光照强度好的时候,采用太阳能直供热水,一般每年运行约 150 天;太阳光照强度略弱的时候,采用太阳能海水源联合供热,一般每年运行约 200 天;阴雨天气,无太阳光照时,采用海水源热泵供热,一般每年运行约 14 天。由此推算,太阳能海水源热泵系统年耗电量为 39 070.2kW·h,每年节省用电 68.6%,约 8.5 万 kW·h 电。

西人工岛冷热供应系统为 18 185m² 的建筑提供每年 365 天,每天 24h 的热水。采用常规能源电锅炉供应热水,每年耗电 94 315kW·h;采用太阳能海水源热泵系统,运行工况如东人工岛,年耗电量为 34 145.4kW·h,每年节省用电 63.8%,约 6 万 kW·h 电。东、西人工岛常规能源供热水及太阳能海水源热泵技术供热水耗电量见表 4-29、表 4-30。

东、西人工岛常规能源供热水耗电量分析　　　　表 4-29

电锅炉	东人工岛	西人工岛
日热水量(m³/d)	6.6	5
热水设计温度(℃)	55	55
冷水设计进口温度(℃)	15	15
上升温度(℃)	40	40

续上表

电锅炉	东人工岛	西人工岛
每日需热量(kcal)	264 000	200 000
热值[kcal/(kW·h)]	860	860
热效率(%)	90	90
每日耗电量(kW·h)	341	258
年运行天数(d)	365	365
年耗电量(kW·h)	124 496	94 315

东、西人工岛太阳能海水源热泵技术供热水耗电量分析　　表4-30

供热形式	项目	东人工岛	西人工岛
太阳能直供	每日供热量(kcal)	270 000	200 000
	系统运行时间(h)	1 687.4	1 687.4
	供热天数(d)	150	150
	加热循环泵输入功率(kW)	3	3
	年运行时间(h)	1 687.4	1 687.4
	给水增压泵输入功率(kW)	8	8
	年运行时间(h)	1 800	1 800
	年耗电量(kW·h)	19 462.2	19 462.2
海水源热泵供热	机组制热量(kW)	21.5	16.1
	系统输入功率(kW)	7.2	5.4
	系统运行时间(h)	336	336
	供热天数(d)	14	14
	年耗电量(kW·h)	2 408	1 803.2
太阳能海水源联合供热	机组制热量(kW)	21.5	16.1
	系统输入功率(kW)	7.2	5.4
	系统运行时间(h)	2 400	2 400
	供热天数(d)	200	200
	年耗电量(kW·h)	17 200	12 880
总耗电量(kW·h)		39 070.2	34 145.4

综合考虑空调制冷采暖与热水供应,东人工岛常规能源系统年耗电约151.9万kW·h,太阳能海水源热泵系统年耗电约61.1万kW·h,每年节省约90.8万kW·h电,相当于可再生能源提供了90.8万kW·h电,利用率达60%;西人工岛常规能源系统年耗电约96万kW·h,太阳能海水源热泵系统年耗电约38.9万kW·h,每年节省约57.1万kW·h电,相当于可再生能源提供电量57.1万kW·h,利用率达59%。从表4-31、表4-32可得,可再生能源技术比常规能源技术更具有能源效益。

东、西人工岛冷热供应技术年耗电量分析 　　　　表 4-31

指标	东人工岛		西人工岛	
	常规技术	太阳能海水源热泵技术	常规技术	太阳能海水源热泵技术
空调系统年耗电量(万 kW·h)	139.5	57.2	86.6	35.5
热水系统年耗电量(万 kW·h)	12.4	3.9	9.4	3.4

东、西人工岛太阳能海水源热泵技术能源效益分析 　　　　表 4-32

指标	东人工岛		西人工岛	
	VRV 空调机组	太阳能海水源热泵	VRV 空调机组	太阳能海水源热泵
年耗电量(万 kW·h)	151.9	61.1	96.0	38.9
可再生能源利用率(%)	0	60	0	59

2) 环境效益

计算不同技术系统的环境效益,见表 4-33。

东、西人工岛太阳能海水源热泵技术环境效益分析 　　　　表 4-33

CO_2 和污染物排放量	东人工岛		西人工岛		排放系数 [kg/(10^4kW·h)]
	VRV 空调机组	太阳能海水源热泵	VRV 空调机组	太阳能海水源热泵	
CO_2 年排放量(kg)	1 082 097	435 497	683 822	277 372	7 121.6
SO_2 年排放量(kg)	2 266	912	1 432	581	14.91
NO_x 年排放量(kg)	389	157	246	100	2.56
烟尘年排放量(kg)	6 235.9	2 509.7	3 940.7	1 598.4	41.04

3) 经济效益

根据指标定义,分析关键耗能系统的经济效益。如表 4-34 和表 4-35 所示,东人工岛太阳能海水源热泵的初投资成本为 364.4 万元,比常规技术贵 26.5 万元;年经营成本为 78.3 万元,比常规技术节省 95.6 万元(扣除折旧);西人工岛太阳能海水源热泵的初投资成本为 223.3 万元,比常规技术贵 11.6 万元;年经营成本为 49.8 万元,比常规技术节省 61.9 万元(扣除折旧)。

东、西人工岛冷热供应技术初投资成本与年经营成本 　　　　表 4-34

项目	能源形式	费用类别	东人工岛	西人工岛
初投资	—	设备费(万元)	285.6	175
	可再生能源系统:太阳能海水源热泵	安装费(万元)	42.8	26.2
		土建及运输费(万元)	22.8	14

续上表

项目	能源形式	费用类别	东人工岛	西人工岛
初投资	可再生能源系统：太阳能海水源热泵	税费(万元)	13.1	8
		含税造价(万元)	364.0	223.0
		设备费(万元)	290.3	181.9
	常规系统：VRV空调+电热水器	安装费(万元)	29	18.2
		土建及运输费(万元)	5.8	3.6
		税费(万元)	12.8	8
		含税造价(万元)	338.0	212.0

东、西人工岛冷热供应技术初投资与年经营成本的技术比对 表4-35

费用(万元)	东人工岛		西人工岛	
	常规技术	太阳能海水源热泵技术	常规技术	太阳能海水源热泵技术
电费	151.9	61.2	96.0	38.9
水费	0.8	0.8	0.6	0.6
人工维护费	7.2	2.4	7.2	2.4
折旧费	55.3	13.9	34.7	7.9
年经营成本	215.0	78.0	139.0	50.0

注：按外调电力1元/(kW·h)计算。

以20年为效益分析期，对热泵技术进行经济效益分析。与常规技术相比，东人工岛可再生能源技术每年可获取利润95.6万元，20年的内部收益率为15%。以基准折现率为10%来计算动态投资回收期，为5年。

与常规技术相比，西人工岛可再生能源技术每年可获取利润61.9万元，20年的内部收益率为16%。以基准折现率为10%来计算动态投资回收期，为4.7年。

4) 社会效益

太阳能海水源热泵以太阳能和海水源热源作为热能的主要来源，太阳能、海水源清洁无污染，取之不尽用之不竭，而且不受能源供应市场的影响。较之常规能源技术，运行更安全稳定。

综合以上四方面效益评价，得到太阳能海水源热泵与常规能源的综合效益分析，见表4-36。

冷热供应技术综合效益分析 表4-36

指标	东人工岛		西人工岛	
	常规技术	太阳能海水源热泵技术	常规技术	太阳能海水源热泵技术
年耗电量(万kW·h)	151.9	61.2	96.0	38.9
可再生能源利用率(%)	0	60	0	59

续上表

指 标	东人工岛		西人工岛	
	常规技术	太阳能海水源热泵技术	常规技术	太阳能海水源热泵技术
CO_2 年排放量(kg)	1 082 097	435 497	683 822	277 372
SO_2 年排放量(kg)	2 266	912	1 432	581
NO_x 年排放量(kg)	389	157	246	100
初投资成本(万元)	338	364	212	223
年经营成本(万元)	215	78	139	50
净利润(万元)	0	95.6	0.0	61.9
内部收益率(%)	—	15	—	16
投资回收期(年)		5.0		4.7
安全性	良	优	良	优
稳定性	良	优	良	优

综合以上分析,将东、西人工岛的关键耗能系统进行综合分析。采用情景分析法,进行基准情景(常规能源技术方案)和低碳情景下人工岛的能源流向分析。假设岛上冷热电供应全部采用常规能源技术系统,建立基准情景下的年度能流简图,则岛上能源流向情况如图4-25和图4-26所示。东、西人工岛全部采用外部电供应岛上能源消费。其中,东人工岛建筑用电占97.6%,建筑内部空调能源消费占单项能源消费比最大,达50.2%,其次为照明用电26.5%;西人工岛建筑用电占92.4%,建筑内部空调能源消费占单项能源消费比最大,达43.3%,其次为照明用电23.3%。

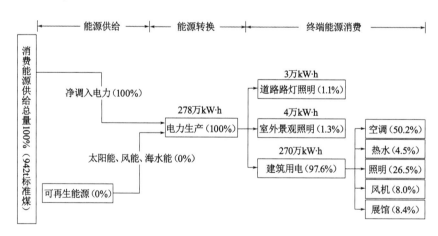

图4-25 东人工岛常规能源流向图(基准情景)

假设岛上冷热电供应部分采用太阳能海水源热泵技术系统,建立低碳情景下的年度能流简图,则岛上能源流向情况如图4-27和图4-28所示。东、西人工岛室外景观照明、室外道路路灯照明全部采用可再生能源,建筑空调和建筑热水部分采用太阳能海水能资源,另外,光伏并网发电,对建筑耗电进行部分补充。

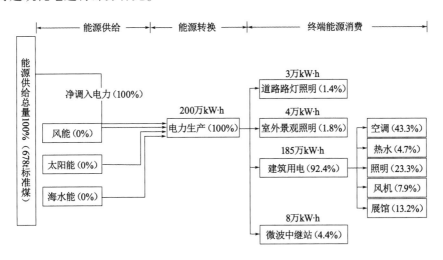

图4-26　西人工岛常规能源流向图(基准情景)

东人工岛可再生能源供能49.2%,其中光伏并网发电占14.1%,只需净调入电力50.8%,比之常规能源情景节省近半外调电力消耗;西人工岛可再生能源供能52.7%,其中光伏并网发电占20.9%,只需净调入电力47.3%,比常规能源情景节省过半外调电力消耗。

由能流图可对比两种情景的能源消费情况。可见采用低碳情景比基准情景显著节能。

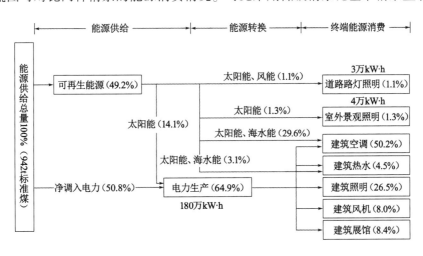

图4-27　东人工岛能源流向图(低碳情景)

东、西人工岛关键耗能系统采用可再生能源比采用常规能源更具有能源与环境的正效益,且节能减排效果显著。东人工岛采用部分可再生能源方案可每年节电49%,西人工岛采用部分可再生能源方案可每年节电53%。

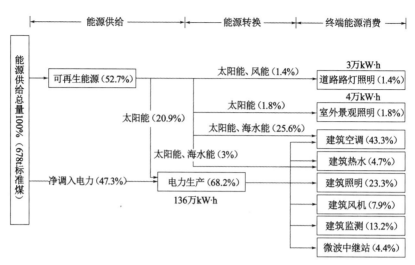

图 4-28　西人工岛能源流向图(低碳情景)

4.4　结论与建议

(1)通过文献调研和案例实地考察,并根据《2000—2015 中国统计年鉴》《2000—2015 中国能源统计年鉴》和《2013—2016 中国建筑节能年度发展研究报告》数据分析,建筑能耗中制冷和热水比例占总建筑能耗的比例为 50%左右,是运营期能源消耗的大户,制冷和热水供应方面的节能及新技术的应用对未来 50～100 年岛桥运营寿命期内的能源供应和消费特征非常重要。本书以此为研究出发点,对冷热电涉及的节能新技术进行研判,选择太阳能海水源热泵冷热联供技术实现对人工岛的制冷和采暖服务,显著节约用电,据此还可减少火力发电导致的污染物排放。再者,尽可能利用珠海市太阳能资源三类地区的条件,在人工岛上铺设太阳能光伏板和光伏幕墙,实现光伏并网发电,起到减少和备用外购电力的效果。

(2)依据《建筑设计标准》,通过对岛上人口、建筑面积、冷热、电量负荷的评估,提出了冷热联供的太阳能海水源热泵的设计方案及设备选型;依据岛上建筑面积及承载力、安装面积、预留机房等,设计太阳能光伏板安装面积、逆变器安装空间等,提出了光伏发电与建筑一体化的提出设计方案和设备选型。

(3)对于海上人工岛可采用的两种可再生能源利用关键技术,以 VRV 空调技术和电热水器技术以及传统照明技术为参照系,分别从能源、经济、环境和社会角度建立评价指标体系,定量与定性相结合,进行节能减排综合效益分析与评估。研究表明,人工岛上采用这两项可再生能源技术具有技术可行性、经济可行性和系统先进性,实施后人工岛上的可再生能源利用在总能耗中的占比可达到 50%。技术分析和方案设计都为海上人工岛建设绿色低碳的能源供应体系提供了理论指导和技术分析支撑。

第5章 结论与展望

在大力建设"21世纪海上丝绸之路",区域互联互通不断紧密的大背景下,大型岛隧工程项目也得到了蓬勃的发展。大型岛隧工程由于建设期及运营期能耗巨大,国内外尚无节能减排的成套技术指导工程建设,成为制约跨海集群工程发展的瓶颈之一。

港珠澳大桥作为隧-岛-桥三种结构的大型复杂集群工程,其中沉管隧道全长约6.7km,是目前世界上最长的公路沉管隧道,也是机电系统最为复杂的隧道之一。根据初步测算,沉管隧道通风及照明系统用电负荷占隧道用电总负荷的85%以上,通风及照明系统的节电与否意义重大。海中设置的两座人工岛,运营期也有巨大的能耗。基于此,本书针对制约工程运营期节能减排的重要环节"隧道通风系统"和"隧道照明系统"进行了技术攻关,对清洁能源在项目中的应用进行了探讨,并对研究成果在工程中的应用进行了介绍。研究所形成综合节能技术研究成果支撑了港珠澳大桥工程的建设,推动了节能减排目标的实现,为后期项目科学运营提供了技术支撑,并可为今后同类工程节能减排技术的发展起到重要的参考。

参 考 文 献

[1] 李德英.基于模糊神经网络的公路隧道纵向通风控制研究[D].西南交通大学硕士学位论文,2002.

[2] 李向阳,翁小雄,张梅,等.高速公路隧道纵向通风的智能控制[J].华东理工大学学报,2002,28(增刊):60-63.

[3] 陈雪平.公路隧道前馈式智能模糊通风控制系统的研究[D].广东工业大学硕士学位论文,2008.

[4] 朱德康.基于智能控制的隧道通风节能系统的研究[D].湖南大学硕士学位论文,2008.

[5] 王明年,汤召志.沉管隧道自动捕风节能系统研究[J].土木工程学报,2013.8:105-110.

[6] Camille Allocca,Qingyan Chen,Leon R. Glicksman. Design analysis of single-sided natural ventilation [J]. Energy and Buildings,2003,35:785-795.

[7] ELMUALIM A A. Effect of damper and heat source on wind catcher natural ventilation performance [J]. Energy and Building,2006,38(8):939-948.

[8] Awbi H B,Elmualim A A,Full scale model windcatcher performance evolution using a wind tunnel[C]. Proceeding of the World Renewable Energy Congress Ⅶ. Cologne,Germany,2002.

[9] 陈超,霍廖然,李志永,等.新型自动捕风排风装置排风口性能优化[J].湖南大学学报(自然科学版),2011(11):30-35.

[10] 王明年,田尚志,郭春,等.公路隧道通风节能技术及地下风机房设计[M].北京:人民交通出版社,2012.

[11] 王汗青.通风工程[M].武汉:华中科技大学出版社,2011.

[12] Fluent 6.3 User's Guide. FLUENT Inc. 2006.

[13] 孙一坚.工业通风[M].北京:中国建筑工业出版社,1984.

[14] 黄惠斌.基于PSO优化的模糊控制在隧道通风中的应用[D].湖南大学硕士学位论文,2009.

[15] http://www.southcn.com/news/china/zgkx/200211061119.htm,2009.2.21.

[16] 中华人民共和国交通运输部.2016年公路水路交通行业发展统计公报.2016.4.

[17] 杨秀军.城区水下隧道运营通风与防灾技术研究[D].重庆交通大学硕士学位论文,2008.

[18] Suresh Kumar. RECENT ACHIEVEMENTS IN MODELING THE TRANSPORT OF SMOKE AND TOXIC CASES IN TUNNEL FIRES. IN Prague. First international Symposium,2004:97-104.

[19] 韩直.基于等效亮度的公路隧道照明需求研究[J].中国交通信息产业,2007,11.

[20] 韩直.LED隧道照明试验研究[J].公路交通技术,2009,4.

[21] 韩直.基于等效亮度的公路隧道照明需求研究[J].中国交通信息产业,2007,11.

[22] 韩直,张志红.基于全寿命期隧道照明光源的选择[J].中国交通信息产业,2007,11.

[23] 韩直.LED公路隧道照明灯应用与技术条件研究[J].中国交通信息产业,2007,11.

[24] 韩直.公路隧道LED灯的应用与发展[J].中国交通信息产业,2008,5.

[25] 陈仲林,孙春红.公路隧道照明设计研究[J].灯与照明,2007(2).

[26] 重庆交通科研设计院.公路隧道送排式纵向通风、照明技术研究及其控制系统开发[R].重庆:重庆交通科研设计院,2001.

[27] 杨公侠.视觉与视觉环境(修订版)[M].上海:同济大学出版社,2002.

[28] 过廷献,侯志远.浅谈公路隧道的照明问题[J].河南交通科技,1996(5).

[29] 刘宝川.隧道照明技术[J].中国照明电器,2000(3).

[30] 胡永.基于视频的隧道交通事件检测算法研究[D].长安大学硕士学位论文,2013.

[31] 翁季;陈仲林,道路照明质量与可见度水平研究∥理性照明 让生活更美好——2011 四直辖市照明科技论坛(天津)论文集[C].2011.

[32] 翁季.机动车交通道路照明设计标准研究[D].重庆大学博士论文,2006.

[33] CIE Technical Report. 88-1990. Guide for the lighting of road tunnels and underpasses. 1990.

[34] CIE Technical Report. 61-1984. Tunnel entrance lighting: A survey of fundamentals for determing the luminance in the threshold zone. 1984.

[35] 李铁楠.城市道路照明设计[M].北京:机械工业出版社,2007.

[36] 韩直.公路隧道照明节能技术研究∥公路隧道运营管理与安全国际学术会议论文集[C].2006-10.

[37] CIE Publication. NO. 26. Internationnal recommendations foe tunnel lighting. 1973.

[38] CIE Technical Report. 88-2004. Guide for the lighting of Road Tunnels and Underpasses》. 2004.

[39] IESNA RP-22-2005,Recommended practice for tunnel lighting[S].

[40] 石野幸三.室内照明计算方法[M].肖辉乾,庞蕴凡,译.北京:计量出版社,1984.

[41] 日本照明学会.《道路照明基准》JIS Z 9111[S].1998[50]崔元日,崔鲜明.道路照明设计基本概念和设计参照值.

[42] Pedestrian safety committee. Appendix G—Crosswalk Lighting Survey. 2000.

[43] The IESNA Lighting Handbook ,Reference &Applications . Illuminating Engineering Society of North America. Ninth Edition. 07. 2000.

[44] 中华人民共和国行业标准. JTG/T D70/2-01—2014 公路隧道照明设计细则[S].北京:人民交通出版社,2014.

[45] 中华人民共和国行业标准.JTG D70—2004 公路隧道设计规范[S].北京:人民交通出版社,2004.

[46] CIE Publication. NO. 100. Fundamentals of the visual task of night driving. 1992.

[47] 宋白桦,李鸿,贺科学.公路隧道照明的研究现状和发展趋势[J].湖南交通科技,2005(1).

[48] 詹庆旋.建筑光环境[M].北京:清华大学出版社,1988.

[49] J·R·柯顿,A·M·马斯登.光源与照明[M].4版.陈大华,等,译.上海:复旦大学出版社,2000.

[50] Dr. Adrian W(Univ of Waterloo). Visibility levels in street lighting:An analysis of different experiments. Journal of the Illuminating Engineering Society,v 22 ,n 2 ,Summer,1993.

[51] 黄柯.主城区道路照明数字化研究[D].重庆大学硕士论文,2006.

[52] ANSI/IESNA RP-8-00《American National Standard Practice for Roadway Lighting》.

[53] 重庆交通科研设计院.福建三福高速公路隧道关键技术研究总报告[R].重庆:重庆交通科研设计

院,2003.

[54] 周莉,屠其非,朱明华,等.测发光导光管[J].照明工程学报,2007,18(3):16-18.

[55] 王爱英,陈仲林,时刚.国外棱镜导光管应用介绍[J].中国照明电器,1999,(6):14-16.

[56] 宁华,杨蔚然.导光管的应用与发展[J].中国照明电器,2000(3):27-29.

[57] 李伟,沈天行.表面反射膜对无缝棱镜导光管光学特性的影响研究[J].照明工程学报,2006,17(3):17-20.

[58] 沈天行,李伟.一种无缝棱镜导光管及其光线传输原理和应用研究[J].照明工程学报,2005,16(2):7-10.

[59] 宁华.环状透镜导光管光分布的研究[J].中国照明电器,2000,(4):25-30.

[60] 李文忠,冯永忠,罗涛,等.天然光导光管系统的设计与模拟计算[J].照明工程学报,2008,19(4):52-58.

[61] 张粹伟.空腔导光管的发展历史和应用领域[J].中国照明电器,2001(9):20-24.

[62] 武毅,戴德慈.北京科技大学体育馆导光管照明系统[J].照明工程学报,2008,19(4):25-32.

[63] 段旺,宗复芪,林若慈,等.奥运中心区地下车库导光管系统[J].照明工程学报,2008,19(3):1-7.

[64] 姜立红.日光采集技术[J].国土与自然资源研究,2006.4.

[65] 王长贵,王斯成.太阳能光伏发电实用技术巨[M].北京:化学工业出版社,2005.

[66] 王长贵,郑瑞澄.新能源在建筑中的应用[M].北京:中国电力出版社,2005.

[67] 林振刚.道路照明节能分析[J].照明工程学报,2005,16(4).

[68] 宋白桦,李鸿,贺科学.公路隧道照明的研究现状和发展趋势[J].湖南交通科技,2005(1).

[69] 姜文宁,李长治,李尧,等.一种太阳光照明系统[J].应用能源技术,2007.

[70] 王六玲,郑勤红,李明.基于光纤导光的自动采光照明装置的设计与实现[J].工程热物理学报,2008,29(6).

[71] IEA in support of the G8 Plan of Action, Towards a Sustainable Energy Future IEA programme of work on climate change, clean energy and sustainable development, 2008.

[72] European Renewable Energy Council (EREC), Renewable Energy Technology Roadmap 20% by 2020, 2008/11.

[73] U.S. Department of Energy, Solar Energy Technologies Program, Office of Energy Efficiency and Renewable Energy, Multi Year Program Plan 2008-2012, April 15, 2008.

[74] Greenpeace International, IEA SolarPACES, ESTELA, Global Concentrating Solar Power Outlook 2009, 2009.

[75] Mawire A, McPherson M., Heetkamp R R J, Mlatho S J P. Simulated performance of storage materials for pebble bed thermal energy storage (TES) systems. Applied Energy, 2009, 86(7-8):1246-1252.

[76] Regin A F, Solanki S C, Saini J S. Heat transfer characteristics of thermal energy storage system using PCM capsules: A review. Renewable and Sustainable Energy Reviews, 2008, 12(9):2438-2458.

[77] J. Zhang, R. z. Wang. Sytem optimization and experimental research on airs ouree heat Pump water heater[J]. Applied Therma lEngineering, 2007(27):1029-1035.

[78] 中国可再生能源发展战略研究项目组.中国工程院重大咨询项目:中国可再生能源发展战略研究丛书(太阳能卷),2008.

[79] 严陆光,崔容强.21世纪太阳能新技术//2003年中国太阳能学会学术年会论文集[C].上海交通大学出版社,2003.

[80] 王如竹,代彦军.太阳能制冷[M].北京:化学工业出版社,2007.

[81] 魏秀东,卢振武,林梓.太阳能塔式电站轮胎面定日镜的设计及性能分析[J].光子学报,2008,37(12):2468-2472.

[82] 金鑫,张晓丹,雷志芳,等.薄膜太阳电池用纳米上转换材料制备及其特性研究[J].物理学报,2008,57(7):4580-4584.

[83] 铁生年,李星,李昀珺.太阳能硅材料的发展现状[J].青海大学学报(自然科学版),2009,27(1):33-38.

[84] 徐立珍,李彦,秦锋.薄膜太阳电池的研究进展及应用前景[J].可再生能源,2006 3:9-12.

[85] 郭志球,沈辉,刘正义,等.太阳电池研究进展[J].材料导报,2006,20(3):41-43,51.

[86] 武涌,等.中国建筑节能管理制度创新研究[M].北京:中国建筑出版社,2007.

[87] 旷玉辉,王如竹.太阳能热利用技术在我国建筑节能中的应用与展望[J].制冷与空调,2001,1(4):27-34.

[88] 何梓年.太阳能供热采暖应用技术手册[M].北京:化学工业出版社,2009.

[89] 莫安辉,李刚.太阳能在暖通空调中的应用[J].中国西部科技,2009,08(03):65-69.

[90] 胡刚.太阳能热泵供热在别墅采暖中应用实验研究[D].哈尔滨工业大学,2006.

[91] 旷玉辉,王如竹.太阳能热泵[J].太阳能,2003,2:20-24.

[92] 王倩,高新宇.太阳能采暖系统应用现状与发展[J].区域供热,2009,1:29-32.

[93] 罗运俊,何梓年,王长贵.太阳能利用技术[M].北京:化学工业出版社,2005.

[94] 周小波.月坛体育中心综合训练馆——太阳能热泵中央热水系统[J].建筑技术,2005,(3):49-51.

[95] 尹茜,刘存芳.太阳能热泵的研究及应用[J].节能技术,2006,24(3):236-239.

[96] 旷玉辉,王如竹,许烃雄.直膨式太阳能热泵供热水系统的性能研究[J].工程热物理学报,2004,25(5):737-740.

图书在版编目(CIP)数据

港珠澳大桥岛隧工程节能减排关键技术 / 苏权科等编著. — 北京：人民交通出版社股份有限公司，2018.3
ISBN 978-7-114-14621-3

Ⅰ. ①港… Ⅱ. ①苏… Ⅲ. ①桥梁工程 – 节能减排②隧道工程 – 节能减排 Ⅳ. ①U44②U45

中国版本图书馆 CIP 数据核字(2018)第 057756 号

"十三五"国家重点图书出版规划项目
交通运输科技丛书·公路基础设施建设与养护
港珠澳大桥跨海集群工程建设关键技术与创新成果书系
国家科技支撑计划资助项目（2011BAG07B05）

书　　名：	港珠澳大桥岛隧工程节能减排关键技术
著 作 者：	苏权科　邢燕颖　杨秀军　韩　直　赵黛青　等
责任编辑：	周　宇　潘艳霞　等
责任校对：	宿秀英
责任印制：	张　凯
出版发行：	人民交通出版社股份有限公司
地　　址：	(100011)北京市朝阳区安定门外外馆斜街 3 号
网　　址：	http://www.ccpress.com.cn
销售电话：	(010)59757973
总 经 销：	人民交通出版社股份有限公司发行部
经　　销：	各地新华书店
印　　刷：	北京雅昌艺术印刷有限公司
开　　本：	787×1092　1/16
印　　张：	10.25
字　　数：	200 千
版　　次：	2018 年 3 月　第 1 版
印　　次：	2018 年 3 月　第 1 次印刷
书　　号：	ISBN 978-7-114-14621-3
定　　价：	80.00 元

(有印刷、装订质量问题的图书，由本公司负责调换)